生活技能 **94**

開始在沖繩自助旅行

作者◎酒雄

WELCOME
CALiN
cafe & zakka
lunch
11:00-15:00
cafe
13:00-17:00

太雅

開始在沖繩自助旅行 (新第四版)

So Easy 094

作　　者　　酒雄

總 編 輯　　張芳玲
發想企劃　　taiya旅遊研究室
編輯部主任　張焙宜
企劃編輯　　徐湘琪
主責編輯　　邱律婷
校對編輯　　陳妤甄
修訂主編　　鄧鈺澐
封面設計　　何仙玲
美術設計　　蔣文欣
地圖繪製　　蔣文欣、林婕瀅
修訂美編　　何仙玲

太雅出版社
TEL：(02)2882-0755　FAX：(02)2882-1500
E-mail：taiya@morningstar.com.tw
郵政信箱：台北市郵政53-1291號信箱
太雅網址：http://taiya.morningstar.com.tw
購書網址：http://www.morningstar.com.tw
讀者專線：(04)2359-5819 分機230

出 版 者　　太雅出版有限公司
　　　　　　台北市11167劍潭路13號2樓
　　　　　　行政院新聞局局版台業字第五〇〇四號

總 經 銷　　知己圖書股份有限公司
　　　　　　106台北市辛亥路一段30號9樓
　　　　　　TEL：(02)2367-2044／2367-2047　FAX：(02)2363-5741
　　　　　　407台中市西屯區工業30路1號
　　　　　　TEL：(04)2359-5819 FAX：(04)2359-5493
　　　　　　E-mail：service@morningstar.com.tw
　　　　　　網路書店：http://www.morningstar.com.tw
　　　　　　郵政劃撥：15060393(知己圖書股份有限公司)

法律顧問　　陳思成律師

印　　刷　　上好印刷股份有限公司　TEL：(04)2315-0280
裝　　訂　　大和精緻製訂股份有限公司　TEL：(04)2311-0221

四　　版　　2019年10月10日
定　　價　　300元

國家圖書館出版品預行編目資料

開始在沖繩自助旅行 / 酒雄作. -- 四版. --
臺北市：太雅, 2019.10
　　面；　公分. -- (So easy ; 94)
　ISBN 978-986-336-350-7(平裝)

1.自助旅行 2.日本沖繩縣

731.7889　　　　　　　　　　　108012272

編輯室：本書內容為作者實地採訪的資料，書本
發行後，開放時間、服務內容、票價費用、商店
餐廳營業狀況等，均有變動的可能，建議讀者多
利用書中的網址查詢最新的資訊，也歡迎實地
旅行或當地居住的讀者，不吝提供最新資訊，
以幫助我們下一次的增修。聯絡信箱：taiya@
morningstar.com.tw

「遊沖繩 鐵則」

☑ **自來水可生飲！**
理由：沖繩的自來水，跟日本本土一樣可以直接飲用，但因為沖繩的水質跟台灣很像，屬於礦物質含量比較高的「硬水」，雖說沖繩自來水有經過硬度處理，但硬度還是比日本本土來得高。如果不放心喝比較硬的水，也可以到超市、超商買礦泉水飲用。

☑ **右側駕駛，走路靠左！**
理由：沖繩跟日本本土一樣，屬於右側駕駛、左側通行，也就是跟我們台灣正好是相反的方向，行駛在馬路上一定要特別注意。

☑ **觀光血拼要趁早！**
理由：沖繩商店的營業時間，大多是到晚上8點結束，開比較晚的也是到9點而已，而飲食類的則會開到晚上12點或更晚。景點的話大多是到下午5、6點。

☑ **垃圾請隨手帶走！**
理由：沖繩街上及公共場所的垃圾桶很少，基本上鼓勵大家垃圾帶回家丟，以減少垃圾量。

☑ **垃圾要分類！**
理由：基本上大致分為可燃與不可燃類。可燃類包含紙類、塑膠袋等，而不可燃類就是可以回收的資源，如瓶、罐、玻璃。如果是在飯店的話，就分這兩種就可以了。如果在便利商店，則會分為「瓶(ビン)」、「罐(カン)」、「寶特瓶(ペットボトル)」、「報紙、雜誌(新聞、雜誌)」、「塑膠(プラスチック)」、「紙屑、竹筷(紙くず、割り箸)」這幾類。

☑ **單軌電車只到市中心！**
理由：沖繩唯一的鐵路，是高架的單軌電車，總長僅有13公里，從那霸機場連結到那霸市中心。但如果要到其他地方去，就只有倚賴公車或租車了。

☑ **尖峰時段易塞車！**
理由：因為大眾交通工具不是很方便，所以島上交通多仰賴私家汽車或摩托車，因此每到上下班時間，主要道路就會湧入大量車輛，很容易發生壅塞現象，所以在安排行程時，最好可以盡量避開尖峰時間的移動，又或者是多預留交通時間。

☑ **甲子園賽事超熱血！**
理由：日本高中棒球聯賽，由各縣冠軍代表出征的賽事，舉辦在大家熟知的「甲子園」球場。每當沖繩的高中比賽時，幾乎全沖繩的人都會放下手邊的工作，來觀賞球賽，就連店裡面的店員，也顧不得做生意，全心為沖繩加油，非常特別。
(註：沖繩在目前為止的甲子園賽事中，曾拿過4次優勝，以及2次準優勝。)

☑ **日本人最想移居的夢想地！**
理由：沖繩一直是日本其他地方的人最想移居的地方，他們夢想著如果能在島上開間小店，專營自己喜歡的生意，有多愜意呢？這樣的情況在2011年日本發生東日本大地震之後，更是顯著。更多的廚師、藝術家、麵包師傅移居此地，也給沖繩帶來更多不一樣的個性與面貌。

☑ **多元文化的觀光勝地！**
理由：沖繩有著多元居民與複雜的歷史背景，但並沒有被任何一個文化統合，反而同在此地找到了共生之道。除了沖繩本地豐富的海洋觀光資源，美麗的海、珊瑚礁、以及本地的三線音樂、琉球太鼓、沖繩麵，還有來自日本的和食、榻榻米、浴衣，以及本島移居者的文創產業、特色小店；因美軍基地孕育而生的流行音樂、酒吧、Live House、漢堡速食。除此之外，還有很多來自各國的移民。經歷這麼多文化的交融，形成一個獨具特色的觀光勝地。在一個地方，就能感受多元文化，是不是很令人心動呢？

旅遊沖繩，你最想知道的問題……

Q1 沖繩是不是一年四季都是夏天？

A：沖繩縣政府所在的那霸市，緯度大約是北緯26.1度左右，與台北市位於北緯25.2度相差不是很大，也是處於亞熱帶，因此冬天還是會冷。且沖繩冬季常常會吹很強的北風，不能輕忽。但如果出太陽的話，白天就會感覺熱，基本上穿衣服方式跟台灣差不多。

Q2 我到底是去沖繩？還是琉球？還是OKINAWA？

A：以日本的行政區分來說，是叫做「沖繩」，其發音讀作「OKINAWA」。而「琉球」這個稱呼，則是因為此地在歷史上曾有個「琉球王國」，是為中國明朝藩屬。現在台灣還有許多人仍以「琉球」稱呼沖繩。但不管是「沖繩」、「OKINAWA」，還是「琉球」，都是同樣的地方。

Q3 沖繩是不是很小？兩天就可以玩完嗎？

A：沖繩土地形狀上屬於縱長形，主要的那霸機場位於整座島的南方，而訪客必去的沖繩美海水族館，則位於北方，兩者距離約100公里，開車約需要兩小時的時間。沖繩可能比大家想像中的要來得大，且因為高速公路並沒有全島皆通，所以交通時間上會比想像中還要久一點。

Q4 是不是一到沖繩就可以看見夢想中的碧海藍天呢？

A：雖然印象中的沖繩就是美麗的晴空，一望無際的沙灘，和木造老房與屋頂上的獅子(シーサー)。但是我們降落沖繩的地方，是那霸機場，那霸是沖繩縣廳(等於縣政府)的所在地，人口密度高達8,180人／平方公里，基本上就是一個城市風景。如果要欣賞美麗的海灘，通常還是要開車或轉車才有辦法到喔。

Q5 沖繩海灘很多，要怎麼選擇呢？

A：沖繩人口集中在中南部，所以中南部的海灘人會比較多，人越多的海灘，珊瑚礁越有可能受到破壞，魚也比較不敢靠近。北部的海灘就比較少人，比較能保留原始風貌。若是想潛水或浮潛，則比較推薦搭船出海，或者直接前往離島，會有更多更美麗的珊瑚跟魚可以欣賞。

Q6 沖繩人是不是都很會唱歌？都很會潛水？

A：沖繩的確出了很多實力派歌手，像是夏川里美、安室奈美惠、MAX等等。但也不代表所有人都很會唱歌的。另外沖繩雖然很多美麗沙灘，但也是有不喜歡玩水、怕水的沖繩人喔。我認識幾個沖繩女生，皮膚白的不得了，問她怎麼那麼白，她還會很得意地說，我很注意讓自己不要曬黑的。

作者序

第一次去就愛上她，帶你探索沖繩最美的一面

其實以我玩日本100多次，十多年的歷史來說，我2010年才第一次踏上沖繩這塊土地，可以說是非常晚入門了。但想不到竟然「一試成主顧」，那之後的每一年都飛沖繩2～3次。到現在已經去15次了，沖繩就是一個這麼有魅力的地方。

之前常常聽人說，跟旅行團去沖繩很不好玩，我想那可能是因為沖繩景點確實沒有像日本本土那麼震撼，那麼具代表性。所以一大群人來，會需要比較有爆點的內容，這對沖繩來說可能比較困難。但我覺得沖繩很棒的感覺，就是一種生活的延伸，你在台灣喜歡去咖啡館，那就來沖繩的咖啡館看看，到底有什麼不同？如果你在台灣喜歡吃美食，那就來一趟吃遍沖繩美食之旅，我想那會很過癮！

沖繩是個多元文化融入的地方，一個地方就可以玩得很豐富，也適合各個年齡層，這可不是年輕人才愛來的地方。我們可以第一天在超市、藥妝店買了日本零食、泡麵，還有家人託買的藥品、電器，晚上吃迴轉壽司跟拉麵。第二天我們浮潛、坐摩天輪、看了夕陽之後，吃道地的美式漢堡、牛排，結束還繼續攤去酒吧小酌。第三天我們到世界遺產，了解琉球王國的興衰歷史，中午吃了老店的沖繩麵，下午去逛沖繩傳統的陶藝品，晚上到居酒屋吃炒苦瓜、滷豬腳，還欣賞了三線表演。第四天先到購物中心血拼，然後找一間可以看海的咖啡廳，盡情地發呆一下午，再搭機返台。

說到這裡，你是不是也有點心動，想趕快去訂機票了呢？那我要告訴你，沖繩的魅力我都還沒說一半呢！趕快準備護照，換好日幣，找好旅伴，天一亮就出發囉！

酒雄

作者簡介 酒雄

日語口筆譯、日本語教師、日本領隊、部落客、自助旅行玩家、自駕旅遊狂人。百次以上的旅行，完成日本47個都道府縣制霸，自稱「日本」為第二故鄉。更因熱愛沖繩，開始學習沖繩三線。超過15次沖繩深度旅行，仍深深著迷於沖繩多元的文化。

2016年獲日本觀光廳邀約，擔任北中高旅展日本旅遊達人，並接受日本NHK電視台採訪。同年，受邀擔任非凡電視台《NEWS金探號》、民視2017特別節目《食彩陸奧 頂級美饌王國巡禮 日本北東北》嘉賓，目前與商業週刊合作線上專欄。出版作品：《開始到日本開車自助旅行》、《開始在沖繩自助旅行》。

推薦序

台灣最大日語學習網站「音速日語」負責人　KenC

身為日語教育網站的負責人，我造訪日本的次數相當頻繁，對於日本旅行的注意事項、可以說是相當熟悉。

但是當我第一次前往沖繩時，仍然有些不知所措，原因在於：電車只限於那霸市內、必須租車自駕，以及沖繩有眾多離島、遊玩方式和其他日本地區完全不同！！

本書中，許多章節內容讓我眼睛一亮，像是：

＊旅遊費用和行李打包清單(讓人安心成行不必擔心)

＊沖繩祭典一覽表(我太愛熱鬧祭典了)

＊交通方式全解析(公車、單軌電車、租車、摩托車、還有搭船出海！)

＊離島詳細遊玩攻略(藍天大海和潛水！)

簡單來說，以後前往沖繩旅行時，不用印一大堆資料、手機裡塞一大堆APP，只要帶著這本書出發就夠了。

這本書只有一項缺點，就是太晚出版了。若是早幾年出版的話，絕對能夠省下我不少做功課規畫的時間(笑)。

KenC.

資深部落客、國際領隊，現任《旅飯》旅行長
工頭堅 Ken Worker

本書的作者酒雄，是我在過去幾年努力發掘「旅遊達人」的工作中，所認識的一位非常優秀的日本旅行者，而且彼此真有一見如故的感受。比起一般光是靠一知半解的漢字就勇往直前的旅客或部落客，酒雄不僅有無比扎實的日語能力，而且還擁有正宗的日本「通譯案內士」國家執照，因為這樣的背景，使得他可以更深刻地理解許多人文歷史與當地人的觀點，在書中不時出現的「酒雄提醒」小方塊，就是不經意的專業展現。

而酒雄本人又有著永遠都不老的日本偶像級外貌，和他談話，會感染到一股孩子氣與熱情，而這些特質，也都不斷出現在本書的頁面與篇章之中。

我有許多位好友都是沖繩或日本旅遊達人，當然不好意思去排資論輩、評頭論足，但我覺得有人善於塑造風格，有人自豪於豐富資訊，也有人專注於文字雕琢，他們每一位的存在，都是這個時代讀者的福氣。

尤其現在去沖繩不僅有更多的交通選擇，也有越來越多人被沖繩的熱帶休閒與文化融合面貌所吸引，每年都要去好幾趟，而我相信，酒雄這本書，一定可以提供給旅行者們更完美的沖繩旅遊體驗。

Ken 工頭堅

愛日本旅人 吳燕玲(胖狗)

　　多年前的一次採訪去了沖繩，當時覺得所謂的沖繩料理，例如滷豬腳、炒苦瓜，怎麼與台灣料理那麼像啊？後來每次旅行，總覺得應該去一個與台灣很不一樣的地方；沖繩，就再也沒有成為我旅行的目標。

　　直到看了本書，才發現沖繩原來那麼多元豐富，不只有碧海藍天、不只有夏川里美；還有文青style咖啡館、個性陶藝、三線居酒屋……，不管你是初訪、再訪，或是想來個跳島之旅，所有該注意的細節，甚至連旅行常用的日文會話，酒雄都幫你準備好了；不帶這本書去沖繩，是要帶哪一本啊？！

胖狗

仿妝天后　Yui

　　因為都著迷於日本旅行而認識了酒雄老師，因緣際會下也一起參與了日本的採訪團行程，一起工作過後，對於酒雄老師鉅細靡遺、實事求是的認真態度，便打從心底深深地敬佩。

　　酒雄老師不僅因為精通日文所以可以毫無阻礙地直接與當地人溝通，對於日本歷史甚至比很多日本人還要清楚，而這麼艱深的東西卻又能深入淺出地用一般人都能理解的字句，讓大家樂在其中！

　　這本書就是如此有趣、實用、又令人著迷，一般旅遊書不會告訴你的當地文化、風土民情，這本書全都秀給你看。想要開始你的沖繩自助行，帶上這本書就沒錯了！

Yui♥

目錄 CONTENTS

12 認識沖繩
沖繩，是個什麼樣的城市

24 行前準備
出發前，要預做哪些準備

38 機場篇
抵達機場後，如何順利入出境

46 交通篇
暢玩沖繩，使用哪種交通工具最方便

64 住宿篇
在沖繩旅行，有哪些住宿選擇

沖繩玩樂 必搜關鍵字

Seascape in Okinawa 必看的美景海景

古宇利大橋
不管橋上橋下都是
超美麗風景。

Keyword 3
海中道路
海中筆直的道路，
讓人有仿如行駛在
海上的錯覺。

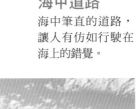

Keyword 1
瀨底海灘 (瀨底ビーチ)
人潮較為稀少的絕美海灘，可以
盡情享受美麗海景。

Keyword 4
知念岬
碧海藍天為背景，有個可
以歇息的涼亭，吹海風看
海景的最佳地點。

Zakka & Café in Okinawa 必去的雜貨小店&咖啡館

Keyword 1
atelier+shop cococo
來自名古屋的陶藝作家，不拘泥於沖繩當地的形
式，常常做出許多可愛的作品。

Keyword 2
CAFÉ薑黃花 (カフェくるくま)
寬闊的露台前是一望無際的湛藍大海。享受東南亞
食物與熱帶風情的絕景餐廳。

必吃的道地美食

Keyword 1
夢幻豬肉阿古 (アグー)
「阿古」是沖繩特有的黑豬品種，最適合做成燒肉或涮涮鍋。

Keyword 2
炒山苦瓜 (ゴーヤチャンプルー)
「チャンプルー」是用豆腐、蛋跟蔬菜炒在一起的沖繩家庭料理，其中以山苦瓜最為著名。

Keyword 3
沖繩麵 (沖繩そば)
有別於日本本土拉麵，沖繩麵使用柴魚清湯為底，搭配滷過的三層肉及魚板。

必體驗的當地活動

Keyword 1
浮潛與深潛
沖繩海域以其高透明度聞名，怎能不讚歎美麗的海底世界！

Keyword 2　自駕兜風
駕車在沖繩，邊欣賞一路的美麗風光，來一趟不一定要有行程的兜風之旅吧！

Keyword 3
LIVE HOUSE與三線居酒屋
聽著台上熱情的歌聲，跟不認識的別桌旅人，一同乾杯、跳舞。

Keyword 4
食堂文化
24小時營業的沖繩食堂，不管幾點都可以享用到便宜又豐盛的餐點。

認識沖繩

沖繩，是個什麼樣的城市？

說到沖繩，你第一個聯想到的畫面是什麼呢？是碧海藍天？是原始森林？是穿民族服飾打太鼓的人？是城市？還是村落？本書將帶你認識沖繩，讓你更了解這個屬於日本，卻又不是很日本的觀光客天堂。

Welcome to Okinawa!

沖繩小檔案 01

地理 ｜ 日本第五大島

　　北緯26度，東經127度，位於九州島南方與台灣之間。由沖繩本島、宮古群島、八重山群島等363個大小島嶼所組成，其中有39個島為有人島嶼，這些全部統稱為「沖繩縣」。而本書主要介紹的「沖繩本島」，面積約為1,208平方公里，從南到北直線距離約有106公里，是日本第五大島。島上沒有高山，最高峰的與那霸岳僅有503公尺高。

沖繩距離台灣約700公里，比距離東京的1,500公里還近

- 北韓
- 南韓
- 日本本土
- 中國大陸
- 東京成田機場
- 約1,500公里
- 東海
- 約700公里
- 桃園機場
- 沖繩本島
- 太平洋
- 臺灣
- 石垣島

沖繩的旅遊分區

　　一般習慣會把沖繩分成北部、中部、那霸以及南部等4個旅遊區域。從南到北開車約需2個半小時，所以沖繩並不能說很小。想要在3、4天內玩透透是不可能的。

- 伊平屋島
- 伊是名島
- 邊戶岬
- 伊江島
- 古利宇島
- 國頭村
- 今歸仁村
- 屋我地島
- 奧武島
- 水納島
- 瀨底島
- 名護市
- 栗國島
- 東海
- 北部
- 渡名喜島
- 讀谷村
- うるま
- 伊計島
- 嘉手納町
- 中部
- 沖繩市
- 久米島
- 座間味島
- 北谷町
- 浦添市
- 宜野灣市
- 津堅島
- 太平洋
- 阿嘉島
- 渡嘉敷島
- 那霸
- 那霸市
- 南城市
- 南部
- 久高島

沖繩本島地圖

- 慶良間諸島
- 糸滿市
- 奧武島

認識沖繩

沖繩小檔案 02

人口 | 多集中在那霸市

　　沖繩總人口約為142萬人，人口密度為626人／平方公里。跟台北相比(人口270萬人，人口密度9,948人／平方公里)，可說是非常不擁擠。但如果只看那霸市(人口32萬，人口密度8,110人／平方公里)，就知道那霸也是很擁擠的。

沖繩小檔案 03

氣候 | 夏季無酷暑，冬天比台北溫暖

　　沖繩屬於亞熱帶海洋性氣候，年平均溫度為22.4度。冬季比台北略微溫暖，夏季氣溫比台北略低。濕度全年都在70～90％，夏季略微悶熱。海灘開放時間大約在4～10月，是從事水上活動的最佳時節。沖繩的櫻花是全日本中最早盛開的，約從1月便開始開花。每年5月中旬～6月中下旬為沖繩梅雨季節，本島跟離島時期略有差異。此期間天候最不穩定，如果旅行目的為水上活動，建議避開。

沖繩觀光人數動向 (單位：萬人)

年份	日本人觀光人數	外國人觀光人數(台灣觀光人數)	觀光總人數
2010	544	28(12)	572
2011	522	30(12)	552
2012	554	38(15)	592
2013	595	63(25)	658
2014	618	99(36)	717
2015	626	167(51)	794
2016	664	212(65)	876
2017	685	254(78)	939

資料來源：沖繩縣廳 www.pref.okinawa.jp/site/bunka-sports/kankoseisaku/14734.html

看懂沖繩一週天氣預報

日本氣象廳網站：

www.jma.go.jp/jp/week/353.html

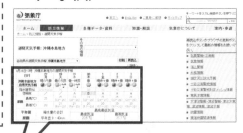

4月26日17時 沖繩本島地方の週間天気予報

日付	27月 天氣預報	28火	29水	30木	1金	2土	3日
沖繩本島地方 降雨機率預報	晴のち曇	曇のち雨	曇一時雨	曇	晴時々曇	晴時々曇	晴時々曇
降水確率(%)	0/0/10/20	70	A為最高 B為其次 C為最低			10	10
信頼度	/	/	A	B	A	A	A
準確度 那霸 最高(℃)	25	25(23～26)	24(23～26)	24(23～26)	25(24～27)	25(23～26)	26(24～28)
歷年平均值 最低(℃)	20	21(19～22)	21(19～23)	20(17～22)	20(17～22)	20(17～22)	20(18～22)

平年值	降水量の合計	最高最低気温	
		最低気温	最高気温
那霸	平年並 9 - 40mm	20.6 ℃	25.7 ℃

圖片來源：日本氣象廳網站

沖繩小檔案 04

歷史 | 命運多舛的觀光大縣

　　根據日本史書「日本書紀」，在西元7世紀即有史書記載到此地的歷史。而較為人知的琉球王國則是起源於15世紀，當時琉球王國是中國的藩屬國，所以也有記載在我們所讀的歷史課本中。琉球王國雖有經歷過權力的更迭，但也維持了近200年的和平。一直嚮往和平的沖繩卻是命運多舛，1609年日本最南端的薩摩藩(現今的鹿兒島縣)在幕府的命令之下，以武力侵略琉球，與琉球簽訂許多不平等條約。到了明治時代的1879年，正式把琉球編入日本的國土，命名為沖繩縣。二次世界大戰中，沖繩淪為日本國土唯一陸上戰的戰場。戰後直接被美軍接管，而日本與美國簽訂安保條約，為了太平洋海域的和平，同意美軍在沖繩建立許多軍事基地。雖說外來文化的移入總會對土地帶來衝擊，但美國大兵也帶來新的商機，成為沖繩孕育多元文化的一個契機。美軍的統治一直持續到1972年，沖繩才又回歸日本。回歸日本後，歷經了適應期，1978年時，當時跟美國一樣右側通行的沖繩，也隨日本改回左側通行。後來沖繩便以觀光為重點進行宣傳，在2003年時觀光客人數超過500萬人次，而現在沖繩已經是日本國內的觀光大縣。

沖繩大事紀年表

西元1429年	琉球王國成立
西元1609年	薩摩藩(現鹿兒島)攻打琉球
西元1879年	編制為沖繩縣
西元1945年	太平洋戰爭之後沖繩由美軍接管
西元1972年	沖繩回歸日本
西元2000年	世界文化遺產登錄
西元2003年	沖繩單軌鐵路開通

沖繩小檔案 05

語言 | 以日文為主，少有沖繩方言

　　沖繩人都說日語，而老一輩的可能會摻雜沖繩方言。沖繩方言與日語極為不同，就算同是日本人，來自外地的人也完全聽不懂。除了簡單的用語之外，現在沖繩年輕人也幾乎都不會講沖繩方言了。

沖繩小檔案 06

縣花 | 刺桐花才是沖繩縣花

　　一般人可能誤以為沖繩的縣花是扶桑花，但其實是刺桐花。

沖繩處處可見扶桑花

沖繩小檔案 07

貨幣 | 使用日幣，匯率1：25〜30

　　與日本本土同樣使用日幣。紙鈔面額分為10,000円、5,000円、1,000円，而硬幣分為500円、100円、50円、10円、5円、1円。

沖繩小檔案 08

航程 | 只需80分鐘

　　從桃園機場到那霸機場，距離約630公里，實際飛行時間約為70〜80分鐘。

認識沖繩

沖繩小檔案 09

時差 | 比台灣快1小時

　　跟台灣有1小時的時差,台灣若是8點,沖繩的時間則是9點。

沖繩小檔案 10

電壓 | 和台灣一樣,免帶轉接插頭

　　插頭形狀跟台灣相同。電壓跟日本本土相同都是100V,而台灣是110V。現在手機、相機的充電器,常常是做成適用100～240V,所以大致上沒有問題,帶過去都可以正常使用。

沖繩小檔案 11

治安 | 大致良好,遇醉漢閃遠一點

　　跟日本其他地區一樣,沖繩治安也是十分良好,不過可能是島上飲酒風氣較盛,所以半夜路上還是有很多人在喝酒,或喝完酒要回去。其實無法區分是在地人,還是其他地方來的觀光客。但看到喝醉的人,還是盡量閃遠一點,比較安全。

沖繩小檔案 12

夜生活 | 居酒屋晚上不打烊

　　沖繩商店幾乎都是晚上8點就會關門,土產品店才會開比較晚,到晚上10點。但因飲酒風氣非常興盛,所以大部分的餐飲店都有提供酒類飲料,且有很多的酒吧、居酒屋。這些店家都會開到深夜,通常會比日本本土還要晚。

沖繩人晚上常常到居酒屋飲酒

假日 | 避開連假，不用人擠人

沖繩一年之中也有很多假日，如果不想人擠人的話，建議避開大型連休假期前往。

月份	國定假日與連假		說 明
1月	1月1日	元旦	國定假日
	1月第二個週一	成人之日	
2月	2月11日	建國記念日	國定假日
3月	3月19～22日 其中1天	春分之日	國定假日
4月	4月29日	昭和之日	國定假日
	4月29日～5月5日	黃金週 (ゴールデン ウィーク)	4/29為昭和之日，5/3為憲法紀念日，5/4為綠之日，5/5為兒童日，假日若碰到週日則會補休，且5/1為勞工節，許多公司行號會放假，所以此段時間常常變成「大型連休」。
5月	5月3日	憲法記念日	國定假日
	5月4日	綠之日	
	5月5日	兒童日	
7月	7月第三個週一	海之日	國定假日
8月	8月11日	山之日	國定假日，從2016年開始實施
	8月13日～8月15日	于蘭盆節 (お盆休み)	關於日本企業的暑假——「于蘭盆節」，其實並不是國定假日，但可以說是一種企業的慣例。不過沖繩跟日本本土有些不同，日本本土是放新曆的8/13～8/15，所以每年固定，而沖繩則是放農曆的8/13～8/15。雖然放假日期不一樣，但是新曆8/13～8/15這段期間，日本本土來的遊客會很多，所以如果怕太擁擠，也可以避開這段時間。
9月	9月第三個週一	敬老之日	國定假日
	9月21～23日 其中1天	秋分之日	
	9月19日～9月23日	白銀週 (シルバーウ ィーク)	日本9月的連假，因為日本9月第三週會放「秋分之日」(為9/21～23其中一天)，以及敬老之日(9月第三個週一)。如果搭配得好，就會變成四連休或是五連休。
10月	10月第二個週一	体育之日	國定假日
11月	11月3日	文化之日	國定假日
	11月23日	勤労感謝日	
12月	12月23日	天皇誕生日	國定假日
	12月29日～1月3日	日本新年 (お正月)	日本是過新曆年，沖繩也不例外。大部分公司行號會上班到12/28左右，然後就開始放年假，一直放到1/3左右。期間商家常常會是休息的，特別是1/1，就連百貨公司都不太會營業。如果要這段時間去沖繩的話，可能要事先查詢一下各店家、景點的營業時間。

MUSIC
沖繩音樂

沖繩樂曲

主要是指以三線、沖繩箏、琉笛等沖繩樂器伴奏的樂曲。歌詞可能使用沖繩方言(當地稱為ウチナーグチ)或日本本土使用的日語(當地稱為ヤマトグチ)。而歌唱時常會搭配上沖繩獨特的喊聲,如多數人最有印象的「伊呀莎莎」。

沖繩三線

沖繩有個傳統樂器,叫做「三線(さんしん)」,或有人稱之為「沖繩三線」。外觀近似日本常見的傳統樂器「三味線」,但其實不論音色、演奏方式都不一樣。傳統的三線是用木頭、繃上蛇皮製作,現在也有用人工皮製作的三線。而彈奏時是使用叫做「撥(つめ)」,外型看來有點像是指甲的器物來彈奏,不同於三味線使用類似銀杏葉形狀的器物。三線常常是用來伴奏配唱的樂器,不論是民謠或小調,島民聚會時常會以三線助興,所以常常是自彈自唱的表演方式。

琉球太鼓 エイサー

原先是在于蘭盆節祭祖時所表演的傳統藝能,為了迎接祖先回來,年輕人們配合著歌聲與舞蹈,邊打著大鼓在村中遊行。有別於日本本土的和太鼓,是以舞蹈搭配上打鼓,氣勢磅礡,非常值得欣賞。每年有數場大型琉球太鼓活動,如果剛好有遇上,滿推薦大家去看看的。而位於沖繩南部的「琉球王國村」每天都有琉球太鼓表演。

EISA表演的服裝

現場看EISA太鼓舞表演十分震撼

卡恰西 カチャーシー

沖繩人唱歌到開心時,常會跳這種舞蹈來助興,其手部動作有點像在開關窗子,男生握拳,女生則是手張開,腳步也跟著手的動作變換身體重心。

音樂人輩出

可能是沖繩人對於音樂特別有天分,這塊土地孕育出了很多知名的歌手,不管是流行樂、偶像歌手、樂團等,都很有自己的特色。自從沖繩歌手夏川里美以一曲帶有濃濃沖繩味道的「淚光閃閃」走紅,且同時沖繩樂團「BEGIN」也受到大眾矚目,一起登上紅白歌唱大賽舞台之後,沖繩音樂也漸漸受到矚目。

琉樂

沖繩還有一種古典音樂,是源自於琉球王國的宮廷音樂。彈奏琉樂的音樂家,主要分成「湛水流」「聞覺流」「安富祖流」「野村流」等四大流派。

推薦沖繩歌曲
淚光閃閃(淚そうそう)
夏川里美
島人之寶(島人ぬ宝)
BEGIN
島歌(島唄)
THE BOOM

沖繩民情

OKINAWA TIME

不知道是不是因為島民獨有的樂天、愛自由的性格，沖繩的人對於時間並不像日本本土的人一樣斤斤計較，跟在地人約的聚會如果約晚上7點，基本上是不可能大家都準時到的。一方面也是因為沖繩車多，所以一旦塞車或是找車位，就很難準時抵達。這感覺其實跟我們台灣辦喜宴有點類似，照喜帖所寫時間準時開始的情況，可說是少之又少。

當然沖繩人的這種現象，只限於私底下，工作上大家還是會準時的。而且這也會發生在沖繩的公車上，雖然跟日本本土一樣都有時刻表，但常常不會照時間來，遲到早到都有可能，所以一定要預留時間等公車。另外當我們預約餐廳時，如果時間上沒有辦法準時到，打個電話說會遲到，只要時間別太久，大約半小時以內的話，通常店家都滿願意等的。

嘉利吉襯衫
かりゆしウェア

夏季在沖繩旅行的時候，不知道大家會不會注意到一件事情，那就是路上沒人穿西裝。就算說是觀光都市，完全沒有西裝筆挺的上班族，也太離奇了吧？這是因為沖繩為了節約夏季的冷氣開銷，推行上班族穿花襯衫的政策。這種花襯衫，其實是一種叫做「嘉利吉襯衫(かりゆしウェア)」的服飾，設計上看起來有點像是夏威夷花襯衫。舉凡旅館從業人員、銀行人員，甚至公務員，到了夏天就是穿這種花襯衫，如果想融入他們，也可以買一件當成紀念品喔！

嘉利吉襯衫是
沖繩人的正裝

沖繩工資

沖繩的工資一直都是全日本最低水準，這聽起來似乎不是很適合居住，但因為沖繩人不會太在乎別人怎麼看，所以消費習慣也跟日本本土的人不一樣。譬如，日本本土人會買新車、用名牌，但沖繩人買中古車、選擇平價品牌等等。可以說，沖繩人在乎自己的生活好不好，並不在乎它看起來好不好。儘管薪水不高，但還是很多人嚮往沖繩的生活。

沖繩房租

其實沖繩因為人口密度比較高，土地也比較少，房租並沒有想像中的便宜，特別是那霸以及周邊都市。如果以那霸市來說，租一間套房約4.5～5萬円(月租金)，而兩房兩廳的房子，則大約是7～7.5萬円(月租金)。如果很靠近單軌車站的話，還會更貴。

沖繩物價

　　如果走一趟超市，大致上就能了解沖繩的物價。整體物價來說，大致上生活必需品會比東京便宜一些，但進口或比較特別的商品，就會比較貴。不過像麥當勞、星巴克等，因為是全國連鎖型商店，所以價格也是統一的，相較之下就會感覺比較貴。

沖繩人育兒

　　正因為沖繩的工資低，房租也沒有太便宜，所以雙薪家庭會比較多，白天夫妻都要上班，所以小孩就交給育兒園或請父母幫忙帶，這跟台灣還蠻類似的。

吃不完外帶

　　沖繩人在店裡點的菜只要沒吃完，就會包回家，所以一般的餐廳都會準備外帶餐盒。這跟日本本土的習慣截然不同。

沖繩店內有時候沒冷氣，店家還寫紙條提醒裡面很熱

祭典活動

日　　期	活動名稱	活動場所
1月下旬	本部八重岳櫻花祭	八重岳桜の森公園
	今帰仁グスク桜まつり	今帰仁城跡
2月中旬	沖繩馬拉松(おきなわマラソン)	沖縄県総合運動公園
3月4日	三線之日	読谷村文化センター鳳ホール
3月下旬	沖繩全島陶藝市集(おきなわ全島やちむん市)	ホテルムーンビーチ屋内展示場
4月中旬	琉球海炎祭	宜野湾海浜公園
5月3日~5日	那霸划龍舟大會(那覇ハーリー)	那覇港新港ふ頭
6月19日	奥武島海神祭	奥武島漁港
7月18、19日	浦添祭典(浦添てだこまつり)	浦添運動公園
	恩納祭典(うんなまつり)	恩納村コミュニティー広場
8月2日	夏祭 IN那霸「萬人EISA舞蹈隊」(夏祭りin那覇「一万人のエイサー踊り隊」)	国際通
8月下旬	座間味島祭	座間味港ターミナル広場
9月第一週的週五、六、日	沖繩全島EISA祭典(沖縄全島エイサーまつり) 	コザ運動公園陸上競技場等地
9月上旬	ORION啤酒節 (オリオンビアフェスト) 	沖縄市コザ運動公園
9月下旬	世界EISA大會(世界エイサー大会)	国立劇場おきなわ(浦添市)
10月中旬	那霸大拔河(那覇大綱挽まつり)	国際通
10月下旬	讀谷祭典(読谷まつり)	読谷村運動広場
11月下旬	壺屋陶器祭典(壷屋やちむんまつり)	那覇市立壺屋小学校

沖繩印象
Okinawa Image

數字手勢教學

如果要用手比數字的話，沖繩的比法跟台灣可是不一樣的。主要的差別是，三隻指頭就是比「3」，且「6」不是牛角，「7」也不是比槍喔！

 1 いち

 2 に

 3 さん

 4 よん

 5 ご

 6 ろく

 7 なな

 8 はち

 9 きゅう

 10 じゅう

指指點點日文 めおだ

中文	日文	中文	日文
早安	おはようございます	請	どうぞ
你好	こんにちは	多少錢	いくらですか
謝謝	ありがとうございます	是的	はい
再見	さようなら	不是	いいえ
對不起	すみません		

Okinawa

Preparation

行 前 準 備

出發前，要預做哪些準備？

到沖繩旅遊之前，一定要先想清楚這次來沖繩的旅遊目標，不管是散心、嘗美食、玩水，或是購物。因為沖繩有太多不同體驗與樂趣，如果可以鎖定好目標，會比較容易安排行程。當然如果想隨性旅行，什麼都不計畫，或許也會是很不錯的經驗喔！

Have a good trip!

行前功課

基本需要準備&確認下列事項(檢查後打✔)

☐ 確認護照效期超過回程
　　那天
☐ 準備駕照日文譯本
☐ 訂機票

☐ 訂飯店
☐ 預約租車
☐ 證件備分
☐ 兌換日幣

☐ 購買旅遊平安保險
☐ 確認國際提款功能
☐ 列印飯店、機票資料
☐ 確認旅行資訊

蒐集旅遊情報

實用網站推薦

沖繩旅遊達人
www.okinawatraveler.net

おきなわ物語(日文)
www.okinawastory.jp

日本國家旅遊局
www.welcome2japan.hk/location/regional/okinawa

來來琉球
lailai-web.com

實用APP

APP名稱：WEATHER NEWS／ウェザーニュース Android iOS

非常方便的天氣預報APP，可即時查詢日本各地的天氣。除了可看一週天氣預報，今明兩天的天氣，還可以1小時為單位來看預報，讓天氣預測更精準。

Step 1 APP主畫面

點選地區進入細部天氣預報

Step 2 沖繩地區天氣畫面

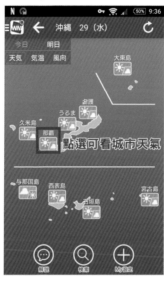

點選可看城市天氣

Step 3 每小時天氣預報畫面

Step 4 每日天氣預報畫面

每天查天氣情況，可以增加遇見美麗風景的機會哦

APP名稱：JALAN／じゃらん

日本最大的訂房網站，可以隨時預訂或查詢旅館的空房資訊以及價格。
因為常常會有限時降價活動，可能會比到飯店官網訂房還便宜。

Step 1 APP主畫面

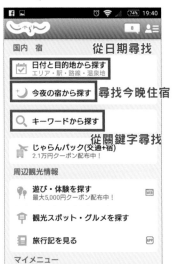

從日期尋找

日付と目的地から探す
エリア・駅・路線・温泉地

尋找今晚住宿
今夜の宿から探す

キーワードから探す
從關鍵字尋找

Step 3 旅館結果列表

旅館名稱　空港直通ゆいレール　步分2分♪

ホテルロコアナハ

未稅金額♪　鄰近車站

以人氣排序　低價優先排序　高價優先排序

Step 5 住宿方案費用畫面

剩餘房間數　あと2部屋

稅前(稅後)價格

Step 2 從日期尋找

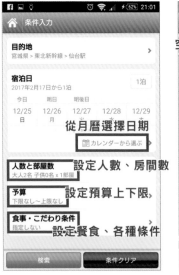

從月曆選擇日期

設定人數、房間數

設定預算上下限

設定餐食、各種條件

Step 4 住宿方案資訊畫面

空房　費用　預約及取消

方案名稱

可否事先刷卡

變更條件　預約房間

酒雄提醒

早鳥搶先機，還有限時優惠喔

在JALAN訂房，原則上當然是早點訂會比較便宜，但有的時候會有限時的優惠，所以就算訂房完成了，還是可以再上去檢查一下，說不定會有更便宜的優惠喔！

APP名稱：Tabelog／食べログ

日本最大的美食口碑網站，可利用此APP來找自己所在地附近的餐廳。
有些餐廳還有提供預約功能，就算不打電話也能預訂座位。

Step 1 APP主畫面

輸入關鍵字搜尋

Step 3 搜尋結果列表

店名

網友評分

預算

休假日

菜心

Step 5 餐廳主畫面

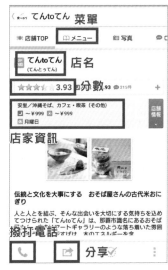

菜單

店名

分數

店家資訊

撥打電話　分享

Step 2 搜尋設定畫面

設定地點

搜尋關鍵字

確認空位及訂位

設定預算

設定營業時間

Step 4 地圖尋找畫面

分數達3.5以上

分數介於3.0～3.5

加入導航

店家資訊

 酒雄提醒

要找好餐廳請看橘色

Tabelog網站上的分數只要達到3.5分以上，就會顯示為橘色，也就是多數人都認可的好餐廳，通常就會比較多人前往，也相對會比較難訂位一點。這常常會是在陌生地方尋找餐廳資訊的一個指標喔！

旅遊行程規畫

一般我們到沖繩旅遊，可分成短天數(3～4天)，中天數(5～6天)，長天數(7天以上)等種類。初訪沖繩會建議至少排個5天，可以比較完整地了解沖繩這個地方。如果是二訪以上的話，建議可以選自己喜歡的1～2個地區，花個3、4天好好深入地玩。如果想要加入離島的行程，在行程上就要安排得更有彈性比較好，如海象不佳，船有可能停駛，所以要預留時間來因應突然的變化。

因為沖繩地形狹長，南到北的交通時間會很長，所以一直居住在同一個城市，走放射性的玩法會比較少見，通常就是北部選個點住宿，中部選個點住宿，南部或那霸也選擇一個地方住宿，會比較方便。順序的話，一般會建議從北到南，也就是說如果要去北部的話，就前一兩天就要去了，再一路玩下來，安排上會比較順暢。

3～4天

中部＋那霸剛剛好

只有3天就不推薦去北部，以中部、那霸為主。若4天的話，就追加個北部行程。因為國人過去常常有3天假也會去香港，未來也可考慮來沖繩度週末，就選一個區域，把想去的店、景點都去過，我想也會是很棒的旅行。

5～6天

全島各區玩透透

北部、中部、那霸、南部各可以安排一整天，比較能深入感受各地不同。

7天以上

可納入小島行程

如果時間比較充裕，建議把慶良間群島其中一個島安排入行程，可減少本島的水上活動，把時間主力放在店家、景點上面。

旅費預算一覽表

類　別	預　算	備　註
住宿	雙人房一晚約8,000～15,000円	較日本其他地方便宜
租車24小時	輕型車約3,000～7,000円	較日本其他地方便宜
	一般房車約5,000～10,000円	
	8人座廂型車約10,000～20,000円	
餐食	沖繩麵約400～800円	跟日本其他地方一樣
	拉麵約600～900円	
	牛排約1,500～3,000円	
	沖繩料理餐廳每人約2,000～3,000円	
	燒肉餐廳每人約3,000～5,000円	
	三線居酒屋每人約2,000～5,000円	
	漢堡約300～1,000円	
門票	美麗海水族館1,850円	
	首里城820円	
	布聖納海中公園1,030円	
	各海灘入場費 每車500円	
	世界遺產門票300～500円	
便利商店飲料	寶特瓶裝飲料100～140円	跟日本其他地方一樣
	酒精罐裝飲料150～230円	
餐飲店飲料	咖啡350～500円	跟日本其他地方一樣
	生啤酒450～600円	
計程車	起跳500円	日本全國最低價

旅行證件準備

申辦護照

如果是第一次出國，需要到「外交部領事事務局」申請護照，也可到戶政事務所辦理，或委由旅行社協助辦理。

詳細資訊可查看領務局官網：www.boca.gov.tw

⁉️ 護照效期小提醒

前往日本，需要注意護照的期限，必須涵蓋回程那一天。也就是說，如果你的行程預計2018/12/15回國，護照效期起碼要是2018/12/15，日本海關才會讓你進入他們國土。但如果護照效期所剩時間不多，就需要準備好回程機票，以證明自己不會在護照過期後，還留在日本國土。

簽證

現在若持台灣護照，可以免簽證進入日本(限90天內)。

駕照日文譯本

如果需要在日本自駕，不論是汽車或是摩托車，都需要到各地監理站申辦駕照日文譯本。只要準備台灣使用的駕照，以及規費100元，就可以辦理日文譯本。

可到各監理站辦理駕照日文譯本

⁉️ 日本譯本小提醒

日本譯本本身沒有使用期限，完全是依照駕照正本的期限，所以如果駕照已經換成沒有使用期限的話，譯本也就沒有使用期限。

駕照日文譯本正面

駕照日文譯本背面

機票與航空公司

選擇航空公司

現在每天可選擇的沖繩航班很多，所以除了比較票價之外，還可能要考慮出發城市，以及在沖繩的停留時間。

樂桃航空屬於LCC(廉價航空)，跟傳統航空有很大不同。除了託運行李需要另外購買、不可選座位、且沒有附飛機餐之外，若有任何航班更動，都需另外支付手續費。如搭乘廉價航空，一定要提早抵達機場辦理登機手續。樂桃航空會在起飛時間前50分鐘關閉櫃檯，若等到關閉櫃檯後才抵達，就無法完成登機手續，也就無法搭上飛機了。

各航空公司起降地點

航空公司	出發地點
華航	桃園機場
長榮	桃園機場
華信	台中機場
樂桃	桃園機場
虎航	桃園機場
虎航	小港機場
香草航空	桃園機場

樂桃航空的飛機機身

如何買機票

除了可在各航空公司的官網購買之外，也可以請旅行社代訂機票，或利用旅行社的網頁購買。

上網買機票看這裡

易遊網
🌐 www.eztravel.com.tw

易飛網
🌐 www.ezfly.com

雄獅旅行社
🌐 www.liontravel.com/
airlineticket

背包客棧機票比價
🌐 www.backpackers.com.tw/
forum/airfare.php

託運行李規定

如果選搭樂桃班機的話，一定要注意樂桃公司的行李規定，較一般航空公司的規定嚴格不少。首先來看託運行李部分，樂桃是以件數計算的，如果你有兩個行李要託運，不管個別重量多少，就算是兩件行李，需要多買一個行李。多出來的行李，如果事先買好，會比在機場櫃檯買，要便宜一些。且如果託運行李單件超過20kg，也是要另外收費。

⁉️ 網站填寫行李件數後 無法更改

比較麻煩的一點是，如果事先在網站上已經決定了行李件數，那麼就無法在網站上直接更改，需要打電話給客服才能變動，如果你人在日本了，就會比較麻煩，且要花比較多的電話費。所以如果不確定回程的行李件數，可以在購買機票時，先不要點選行李件數，等到回國前一天再來設定，就可以直接在網站上購買多出來的行李了。

匯兌與信用卡

兌換現金

到日本旅遊,最好先兌換日幣。日幣在台灣比較普遍,各大銀行外匯皆可兌換,而機場也都設有匯兌櫃檯。萬一攜帶的日幣不太夠,可以在沖繩的銀行兌換。也可利用台灣的金融卡,直接從當地的提款機提領現金。(提款卡需開通國外提款功能)

匯兌觀念

匯率的變動有時候很難預測,如果已經計畫好沖繩旅行,可以從出發前半年～三個月,就開始隨時注意匯率變動。只要匯率低於季線,可以考慮先換一些起來,在出發前慢慢補齊。像這樣分批買進,是比較沒有風險的作法。

匯率這裡查

台灣銀行
rate.bot.com.tw/Pages/Static/UIP003.zh-TW.htm

線上結匯

現在有多家銀行皆有提供「線上結匯」,也就是可以在想要換匯的時候,使用網路先結帳,之後再去銀行領取的一種服務。因為匯率是變動的,但每個人的工作狀況不同,有些人可能不常跑銀行,所以如果有好的匯率,就可以利用「線上結匯」先換起來。另外,像是臺灣銀行跟兆豐銀行,在桃園機場設有服務櫃檯,也可以指定到這些櫃檯領取,對於完全沒有機會跑銀行的朋友,只要出發前在網路上先買好,然後到機場再領取外幣,這樣也不需要被機場多收手續費,我想也不失為一個好方法。

購買外幣及線上結匯

臺灣銀行Easy購外幣現鈔暨旅支系統
fctc.bot.com.tw

兆豐國際商銀網路銀行線上結匯
ebank.megabank.com.tw/global2/fscontent.jsp

酒雄提醒　千萬不要忘記去指定銀行提領日幣喔!

信用卡

在沖繩比較流通的信用卡,主要使用的是VISA、MASTER、JCB等三種。日本全國連鎖型的商店、百貨公司、部分藥妝店及旅館有提供刷卡。但如果是個人經營的小店、餐廳、民宿常常會只收現金,所以還是建議帶足日幣,會比較方便。

如何在沖繩提款

提款地點

❶ 郵局及郵貯銀行內的ATM

日本郵局叫做「郵便局」　　郵貯銀行ATM機器的標示

❷ SEVEN銀行的ATM

SEVEN銀行的ATM，
請注意各家銀行可提款
的時間不盡相同。

提款步驟Step by Step

STEP 5 輸入密碼，按下ENTER

STEP 1 插入卡片

STEP 3 選擇「提款」按鈕

STEP 6 選擇提款金額

STEP 2 選擇使用語言

STEP 4 選擇提款帳戶

STEP 7 收取現金及收據

如何在沖繩匯兌現金

匯兌地點

❶ TISCO櫃檯

TISCO櫃檯可在兩個地方找到，一是那霸機場國際線航廈的1樓，另一個位於國際通「WASHITA SHOP(わしたショップ)」1樓，請注意營業時間。

❷ 沖繩銀行自動匯兌機

沖繩銀行自動匯兌機的位置可查詢官網的店鋪一覽表。

🖳 goo.gl/yWdsQy

國際通「WASHITA SHOP」1樓可以兌換外幣

沖繩銀行自動匯兌機

面板說明

匯兌現金步驟Step by Step

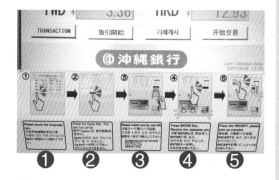

❶ 選擇所需要的語言，並點選「開始交易」

❷ 按下「Agree」鍵

❸ 插入紙鈔

❹ 按下「Enter」鍵，取出日幣

❺ 按下「RECEIPT」鍵，取得收據

指指點點日文

好用單字

中文	日文	中文	日文
ATM	ATM	外幣匯兌機	外貨両替機
郵局	郵便局	密碼	パスワード
駕照	運転免許	匯率	為替レート
		護照	パスポート

常用會話

請幫我換成日幣　円に両替してください

請問這邊可以匯兌嗎？　ここは両替ができますか

請問哪邊有郵局？　郵便局はどこにありますか

麻煩給我護照　パスポートをお願いします

麻煩給我駕照　運転免許をお願いします

行李打包

出國之前一定要先查好沖繩當地的天氣，再來準備攜帶衣物。但因為沖繩屬海島型氣候，天氣較難預測，所以外套、雨具最好還是攜帶著比較安心。

整理行李小技巧

行李分類

打包行李的時候，可以把行李分成幾大類，並且分別使用袋子來裝，會比較整齊。如衣物袋(還可分成內衣、外衣來放)、電線類、化妝品、盥洗物品、文件等，雨具及較大的物品(如腳架等)則放在行李箱中好拿的位置。

折疊式購物袋

另外為了預防臨時起意的購物，折疊式購物袋會是很重要的角色。一方面，不會占去太多後車廂的空間，一方面也可以拿去託運。尤其是可以裝置在行李箱把手的購物袋，最為推薦。

善用各尺寸整理袋

至於旅行用品的打包，事先要做好分類，把每個種類分開包裝，盡可能減少空間上的浪費。各種尺寸的整理袋，現在台灣各個旅行用品店都可以買到，非常便利。只要多利用整理袋，就算是小箱子，也能把所有用品都裝進去。

可置於行李箱提把的折疊式購物袋，用這個裝戰利品最理想了

以下是酒雄實際打包範例，範例中的行李箱，是20吋大小的登機箱。

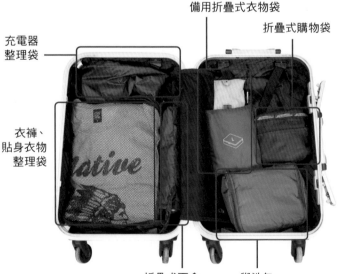

充電器整理袋

衣褲、貼身衣物整理袋

備用折疊式衣物袋

折疊式購物袋

折疊式雨傘　　盥洗包

行李清單(檢查後打V)

V	物　品	說　明
隨身行李：貴重物品隨身攜帶。打火機、行動電源、鋰電池不可放託運行李。		
	護照	唯一絕對不能忘記的東西，務必再三檢查。
	電子機票	通常有護照就可以Check in了，但建議最好隨身攜帶以備不時之需。
	旅遊保險單	隨身攜帶並詳讀相關條款。
	信用卡、提款卡	許多地方可用刷卡付款，減少現金攜帶的風險。 萬一現金不夠，也可用提款卡在當地提款。
	現金	隨身攜帶一些日幣，比較安心。
	筆	可隨時筆記，或填寫資料。
	相機	記錄旅行的點點滴滴。
	手機	可以把很多資訊存在手機裡，以減少資料攜帶的重量。 緊急狀況時可以用來聯絡。如果有網路時，隨時可以查資料、聯絡。
	零錢包	日幣零錢種類繁多，帶個零錢包比較方便付款。
	旅遊書	帶本旅遊書，有空時就可以拿出來翻閱，對旅行很有幫助。
	住宿訊息	線上訂房之後，可以把飯店位置、訂房編號、價錢等資訊都列印下來，比較安心。
	行動電源	手機如果沒電，就可以用行動電源來充電(須隨身攜帶上機)。
	行動上網分享器	如果隨時可以上網，就不怕導航失靈，或找不到店家、飯店了。
	夾鏈袋	可用來裝100ml以下的液體，如眼藥水、髮蠟、化妝品等，方便攜帶上機使用。
	打火機	癮君子必備，不可放入託運行李。(只能攜帶一般型打火機)
	備用鋰電池	相機、電子用品的備用鋰電池，不可放在託運行李中。
託運行李(100ml以上的液體、噴霧、膠狀物品，只能放在託運行李中)		
	換洗衣物、外套	查好天氣之後，準備合適的衣物。桃園機場冷氣很強，建議不論季節，都應攜帶一件外套。
	盥洗用品	沖繩旅館基本上都有提供相關用品，不過如果住在民宿或B&B通常就沒有提供。
	衛生用品	女生的衛生用品建議自己攜帶，當然如果臨時需要，也可在便利商店、藥妝店、超市購買。
	化妝品、保養品	個人需求的化妝品、保養品都可以攜帶。
	防曬相關用品	沖繩不像台灣有騎樓，且樹蔭不多，所以在路上走，常常會曬到太陽，需要準備太陽眼鏡、帽子、防曬品等。
	眼鏡相關用品	隱形眼鏡藥水、相關物品也不要忘記了。
	雨具	沖繩雨下得急，如果沒帶也可以在超商購買。
	個人藥品	依照個人需求準備藥品。日本藥妝店成藥雖然很多，但建議事先準備，以備不時之需。另外，沖繩蚊蟲不少，可攜帶防蚊液或萬金油等。
	水壺、餐具	沖繩餐廳基本上都有提供開水，可跟店家要求裝水，以節省飲水費用。
	延長線	現代人習慣攜帶很多電子設備，若要同時充電，插座常常不夠多，有延長線就能解決此問題。
	車上便利用品	USB車充、點菸器電源等等。
	充電器	相機、手機、相關電子用品的充電器。
	護照影本	多準備一份護照影本，或用手機拍起來，以備不時之需。
	備用夾鏈袋	夾鏈袋可用來裝液體物品或穿過的衣服等，用途很多。
	可折疊式購物袋	到沖繩旅遊，常常「失心瘋」買東西，所以如果有多準備購物袋，就不怕行李箱塞不下了。

Okinawa
Airport Info

エレベーター
Elevator

電梯 电梯 엘리베이터

航空会社カウンター
Airline Counter
 2F

航空公司柜台 航空公司柜台 항공사 카운터

出発ロビー
Departure Lobby
 2F

出發大廳 出发大厅 출발 로비

機　場　篇

抵達機場後，如何順利入出境？

沖繩主要的那霸機場，國內線還比國際線航廈來得雄偉、壯觀。特別是往返機場的交通，常常都需要來到設備比較齊全的國內線航廈。

I want to go
sightseeing.

入境日本需要通過兩個關卡，一個是入境驗證，另一個是海關。在入境驗證的時候，需要拍照以及壓指紋，所以入境所需要的時間會比較長。以下就是整個入境的流程

抵達沖繩，入境步驟

Step 1 填寫入境卡及海關申報單

要從沖繩入境日本的外國人，都需要填寫入境卡。填寫的最高原則就是「不要留下任何空白」，所有格子都要寫就對了。且不要忘記背面還有喔！建議可以在飛機上先填寫好。入境卡每個人都要填，而海關申報單，一個家庭只需要有一個人代表就可以了。

Step 2 下機後，依照指標前進

如果是從國際線航廈入境，就一直跟著「入國審查」的指標前進。

Step 3 入境審查(需要護照、入境卡)

證件查驗時應脫帽，並把護照上的護照套取下，連同入境卡一同提交給海關人員。這裡需要依照海關人員指示，按壓指紋並拍照。按壓指紋時，應用兩隻食指伸直按壓機器，直到海關人員說可以才離開。而拍照時，眼睛需注視鏡頭處。

Step 4 領取行李

如果從國際線航廈入境，這邊僅有兩座行李盤，可注意一下電子看板顯示為哪個轉盤，請注意不要拿錯行李了。

Step 5 過海關

如果沒有需要申報的物品，請走綠色的免稅櫃檯。不同家庭的同行者可以一起走，但每個家庭都需要一張申報單。

⁉️ 通關管制物品須知

禁止攜入日本的物品(僅列出重要項目)
1. 毒品、大麻鴉片、吸毒用具
2. 槍砲彈藥刀劍及其零部件
3. 爆裂物、火藥
4. 危險化學物質
5. 硬幣、紙幣以及証券的偽造製品
6. 帶有色情及違反善良風俗的雜誌、書籍、光碟等
7. 偽造名牌產品
8. 肉類及相關加工品(肉類需經過檢疫才可進口，海鮮加工品不在此限)

離開沖繩，出境步驟

從國際線航廈出境

Step 1 前往國際線航廈3樓

出境大廳在國際線航廈的3樓。

Step 2 找到航空公司櫃檯

那霸機場國際航廈只有兩個櫃檯，找到自己的航空公司來辦理手續。

Step 3 安檢及海關

出境必須經過安檢及海關，在此需要出示登機證及護照。

Step 4 前往登機閘門

那霸機場國際線航廈只有3個登機門，請依照登機證上的號碼，找到屬於自己的登機門。

Step 5 等候登機

等候廣播通知上飛機。

可攜入日本限額免稅物品

品名與數量	備註
酒類 3瓶	1瓶760cc
雪茄 100支、捲菸 400支 其他香菸 500公克	
香水 2盎司	1盎司約28cc

航向沖繩令人難忘的碧海藍天

認識那霸機場

　　原本分為3個航廈的那霸機場，隨著際內連結航廈於2019年3月18日啟用，把國內線航廈與國際線航廈連起來，正式合併為一個大航廈，就連LCC也不再特別分開了。因為整體規畫運用的關係，航廈1樓並沒有連通，如果要跨區域移動的話，必須走出建築物，因此跨區還是走2樓或3樓會比較方便。

航廈1樓

　　不管是國內線或國際線，入境大廳都是設置在1樓，所以抵達沖繩後，搭計程車可以直接往外走，如果要搭單軌電車，則建議到2樓，穿越商店街後往國內線方向去搭車，不但不怕下雨或太熱，也比較方便。

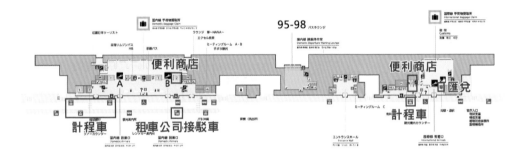

航廈2樓

　　國內線2樓為登機門、土產品賣場；國際線2樓原為航空公司櫃檯、出國檢查場、登機門，現在航空公司櫃檯已全部整合到3樓。國內線與國際線相接的區域，則規畫為全新的「YUINICHI STREET(ゆいにちストリート)」，是一個滿好逛的商店街，提供出關前最後的敗家機會，且因多外國觀光客，東西比較精緻、日本味，甚至還有電子遊戲區及扭蛋區。

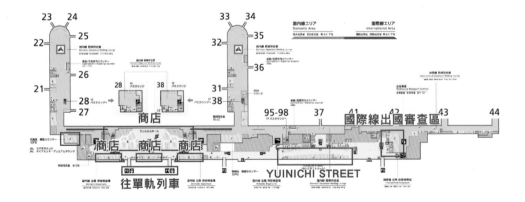

YUINICHI STREET（ゆいにちストリート）

　　跟國內線商店區主要賣沖繩土產的氣氛很不一樣，有種百貨公司的高級感，除了有沖繩在地品牌的藝術品、甜點之外，還可以看到來自日本內地的甜點、土產品、工藝品專賣店，很明顯針對外國旅客來設計。還有藥妝店跟沖繩美麗海水族館的週邊商店，很推薦留點時間來逛逛。商店街營業時間為早上七點到晚上八點半，配合到大部分的班機時間。

所有櫃檯都已整合到航廈3樓

不只沖繩品牌，也有很多來自日本內地的品牌

這裡也有藥妝店，可供最後補買

YUINICHI STREET入口

時間夠的話還可以參加手作課程

航廈3樓

不管國內線或國際線，都把航空公司櫃檯設在3樓，LCC廉價航空的櫃檯則夾在兩航廈中間的區域。除此之外，兩邊也都有幾間較為正式的餐廳，如果要跟朋友聚會，可以選在這一層樓。

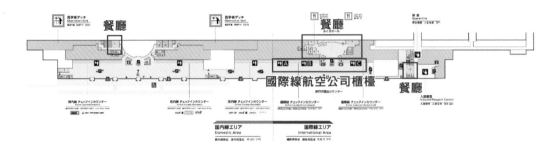

航廈4樓

4樓主要是美食街，這邊的規畫也是採國內線及國際線都一致的作法。美食街的餐點比較平價，如果是搭乘LCC而沒有購買機上餐，或許也可選擇先到這裡填飽肚子。國際線美食街的景色很好，可以看到飛機，也能欣賞海景，且座位都設有插座，非常貼心。

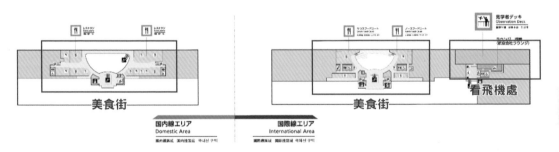

美食街有平價的餐飲選擇

4樓美食街可以欣賞美麗的海景

在機場也可以吃到88牛排的美味了

如何從機場前往市區

機場的交通方式,有公車、計程車、單軌電車。依照想要去的地方,來選擇最適合的交通工具吧。

計程車

如果你要前往的地方是那霸市,且行李比較多,計程車會是最便利的方式,因距離不遠,費用不會太貴。有關計程車計費方式,可參考P.58。

公車

如果要直接前往沖繩其他地區,或直接開始那霸市區觀光,則可以先看看機場的公車有沒有到想去的地方,若是沒有,那就必須先使用其他方式到那霸市區,再行轉車。有關公車搭乘方式,可參考P.51。

單軌電車

單軌電車僅行駛於那霸市,如果目的地是在那霸市區,且行李不是太多或太重,搭乘電車也是好選擇。一般主要住宿會在國際通附近或新都心。這兩大區域都有電車車站,還滿方便的。有關電車買票方式,可參考P.55。

指指點點日文 あおだ

中文	日文	
好用單字		**常用會話**
出境／入境	出発／到着	我的行李遺失了。
巴士搭乘處	バス乗り場	荷物をなくしてしまったんです。
計程車搭乘處	タクシー乗り場	我來觀光的。
賣票處	切符売り場	観光に来ました。
單軌列車	モノレール	請問單軌車站在哪?
月台	ホーム	モノレールの駅はどこですか。
車站	駅	請給我3張一日票。
觀光	観光	一日券を三枚ください
商務	ビジネス	我現在到機場了。
探親	親族訪問	今、空港に到着しました
留學	留学	請來接我。
時刻表	時刻表	送迎をお願いします
一日票	一日券	

交通篇

暢玩沖繩，
使用哪種交通工具最方便？

雖然沖繩也有公車、單軌電車等大眾交通工具，但如果要離開市區，還是不夠方便，也因此租車自駕是沖繩最主流的交通工具。要如何根據旅遊區域，選擇適合自己的交通工具，看本篇就對了。

Ready~~~
GO!!

沖繩交通並不如其他日本城市方便，甚至沒有日本各地常見的電車，僅有一條總長約13公里單軌電車(註1)，相較於沖繩南北總長為106公里來說，可說覆蓋率並不高。因此沖繩在地交通多仰賴公車、汽車為主。想好好玩沖繩，首先要決定是否要租車，或是採多種大眾交通轉乘方式，再不然就是直接包車請司機。

如果想要不開車玩沖繩，可以使用各式大眾交通趴趴走，其中最方便的還是公車，但可在必要的時候搭配單軌電車，甚至計程車，一樣可以把行程安排得很豐富而順暢。雖然搭乘公車旅行，還是會比較慢一些，但沿途既可以休息，又能欣賞風景，還能多接觸當地的居民，來一趟slow trip，似乎也是挺不錯的呢！

＊註1：未來沖繩單軌電車會延伸到浦添市，預計於2019年完成。

優惠票券

若要採取沖繩的大眾交通來玩沖繩，就可以參考一下表中幾種優惠票券。這些票券的範圍，基本上都是限制在那霸地區而已。

電車票券分析表

票種	單軌電車(ゆいレール)一日票／二日票	公車單軌電車通票(バスモノパス)
特色	24／48小時內可無限次數搭乘	一日內可無限次數搭乘單軌電車及那霸區間公車(限那霸巴士公司營運車次)
票價	一日票：700円二日票：1,200円	1,000円
注意事項	單軌電車一日票並非只能買票當日使用，只要在買票的24小時內，就算日期變到隔日，也能繼續使用。	路線圖：www.yui-rail.co.jp/pdf/MAP.pdf

註：資料時有異動，請以官方公布的最新資料為主。

公車

沖繩共有4家公車公司，系統號碼已有經過統一，所以就算公司不一樣，只要公車號碼相同，起點終點就會一樣，所以搭公車時不需特別留意公司名稱。因公車路線十分複雜，有近100條路線，所以要把它研究透徹，可能要花上幾年時間。

目前基本上都使用線上查詢系統來查詢車次及時刻表，除了在出發前先查好路線跟時間之外，如果有準備行動網路，在沖繩也可以隨時上行動網站查詢。因為智慧型手機可以使用衛星定位，所以使用起來更是便利。如果不習慣使用線上系統，也可前往下表中地點索取紙本公車地圖(バスマップ)，但每一版印刷數量有限，發完就要等下一版印刷才有。

可索取紙本公車地圖地點

場　所	索取地點
那霸機場國內線航廈	1樓中央附近的觀光案內所
那霸市役所	1樓綜合案內窗口
那霸縣廳	1樓綜合案內窗口
那霸市觀光案內所	1樓案內窗口
淳久堂書店	各樓層收銀台

如何搭公車

　沖繩的公車隨著路線不同，其車種跟搭乘方式也會不同。有些公車需要在上車時拿取整理券，然後下車時依照整理券號碼來支付車資，若是忘記拿的話，下車時就必須跟司機說明自己從哪邊上車，這時萬一語言又不通的話，可是會很緊張的。不可不注意喔！

各路線公車搭乘方式

路線	上下車位置	整理券
系統編號小於20號的公車及105號公車	前門上車，後門下車	不需要
系統編號在20號以上的公車(長距離巴士)	只有前門，從前門上下車	需要
系統編號為7、8、10、12號的公車	後門上車，前門下車	需要

 ## 想搭車請舉手

　沖繩的公車跟台灣一樣，如果想要搭車的話，需要在公車站舉手，讓司機看到你想搭車之後，才會停車。這跟日本其他地方每站皆停的習慣很不一樣，請務必要注意。

搭公車步驟

Step 1 根據公車號碼，決定從前門或後門上車

Step 2 車上螢幕會顯示下一站站名

下一站站名

Step 3 下車，請記得按鈕

下車按鈕

如何使用公車線上查詢系統

因為公車路線實在太多，且各路線的發車頻率也大不相同，有的甚至假日停駛，所以研究公車路線圖，並不是一個很聰明的做法。現在不管在地人還是觀光客，都是使用線上系統查詢。在系統中輸入所在地、目的地的「公車站名」，以及欲搭乘的時間之後，系統就會自動媒合出最適合的路線，以及轉車方式。這樣會比研究路線圖來得有效率許多。

公車線上查詢系統

バスなび沖縄(公車轉乘系統)
www.busnavi-okinawa.com
バスマップ沖縄(公車站點查詢)
www.kotsu-okinawa.org
バスマップ沖縄(沖縄公車地圖)
www.kotsu-okinawa.org/map_south.html

公車線上查詢步驟教學

請先至「公車轉乘系統」網站首頁，再開始以下查詢步驟。

 Step **點選「乘換え案内」**

進入網頁後，請點選最左邊的「乘換え案内」。有「繁體中文」供選擇，非常貼心。選好語言後，請點選「GO」。

 Step **進入主畫面**

這是公車查詢系統的主畫面，除了公車站之外，還可以顯示景點、車站等主要設施。

 Step **勾選交通工具或設施**

點選「公共巴士」跟「高速巴士」後，會有公車站的游標出現在地圖上。

Step **選擇起點站**

點選游標後，指定該地為「起點站」。

Step 選擇終點站

接著在地圖上找到想去的地方，指定該地為「終點站」。

Step 決定轉乘路線

查詢結果頁面。會顯示5種查詢結果，可依照個人需求決定轉乘路線。票價也會一併列出，可說是非常完善。

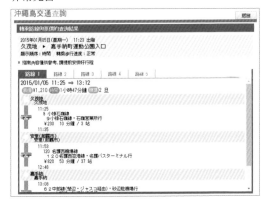

Step 地圖路線參考

結果頁面下方也會有地圖路線供參考。

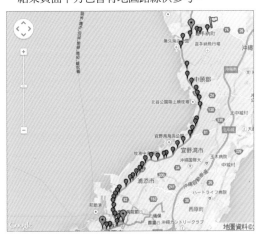

公車查詢系統APP

基本上跟網頁版的使用方式大同小異，但可利用手機GPS功能定位目前位置，所以使用起來更方便。另外要注意APP沒有中文版，所以漢字部分可能需要使用日文輸入法來輸入。手機版APP下載位址：

Android系統　　　　iOS系統

 ## 需輸入正確的旅行日期

公車的班次時刻會有平日、假日之分，所以事先在查詢的時候，最好直接輸入旅行的正確日期，不然查詢到的時刻表可能會是錯誤的。

酒雄提醒

沖繩景點鄰近公車站快速查詢一覽表

景點名稱(原文名稱)	公車站名(原文名稱)
推薦海灘	
安座真陽光海灘(あざまサンサンビーチ)	安座真
新原海灘(新原ビーチ)	新原海灘(新原ビーチ)
熱情海灘(トロピカルビーチ)	會展中心前(コンベンションセンター前)
瀨底海灘(瀨底ビーチ)	瀨底(瀨底)
那霸市區景點	
首里城	首里城前
金城町石疊道(金城町石畳道)	石疊入口(石畳入口)
泊港	泊港前(とまりん前)
縣立博物館(県立博物館)	縣立博物館前(県立博物館前)
T GALLERIA免稅店(Tギャラリア)	那霸新都心站前廣場(おもろまち駅前広場)
美國村(アメリカンビレッジ)	桑江
沖繩中部景點	
港川外人住宅街	港川
陶器之里(やちむんの里)	座喜味入口
嘉手納休息站(道の駅かでな)	嘉手納町運動公園入口
万座毛	恩納村役場前
布聖納海中公園(ブセナ海中公園)	布聖納度假區前(ブセナリゾート前)
泡瀨漁港(泡瀨漁港)	泡瀨營業所(泡瀨營業所)
海中道路	JA與那城前(JA与那城前)
沖繩北部景點	
沖繩美麗海水族館(沖繩美ら海水族館)	石川入口
海洋博公園	記念公園前
ORION啤酒名護工廠(オリオンビール名護工場)	名護城入口
岸本食堂(きしもと食堂)	渡久地
沖繩南部景點	
OUTLET ASHIBINA(アウトレットあしびなー)	OUTLET ASHIBINA前(アウトレットモールあしびなー前)
齋場御嶽(斎場御嶽)	齋場御嶽(斎場御嶽)
平和記念公園	平和祈念堂入口
知念岬公園	齋場御嶽(斎場御嶽)
沖繩王國村(おきなわワールド)	玉泉洞前
奧武島	奧武

單軌電車

從那霸機場開始，經國際通區域、新都心區域，終點站為首里，全長13公里。可以靠單軌電車前往的地方並不多，但還是囊括了那霸最熱鬧的幾個區域，如果不想跑太遠的話，單軌也是不錯的選擇。

意外的沖繩民謠天籟

酒雄提醒

每一個單軌車站所響起的音樂都是沖繩民謠，各站曲目不同喔！

路線都在那霸市區裡的單軌電車

⁉ 購買超過3張車票者

如果要一次購買超過3張車票，建議可以直接到有服務人員的櫃檯購買，不然會占用購票機太多的時間。之前這個情況有造成沖繩在地人的抱怨，所以各車站一度宣導，請大家將心比心喔！

車頭可以看到駕駛開車和前方的景色

單次票通行步驟

Step 1

單次票小小一張，上面有個QRCODE

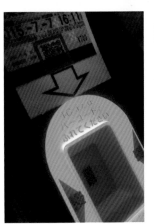

Step 2

把票上有條碼的那一面，接觸掃描面板就可以通過了。進站時掃一次，出站時也需掃一次。

車廂內部，跟台北捷運沒什麼不同

單軌電車搭乘步驟教學

Step 1 確認目的地

先看一下到目的地要多少錢。

Step 2 購買票券

如果要買超過1張一日券的話，請洽窗口。其他
單程車票則可以一次買2張以上。

Step 3 選擇人數與票種

先點選人數，然後是票種，接著在螢幕上選取要
去的車站，就可以開始投錢了。

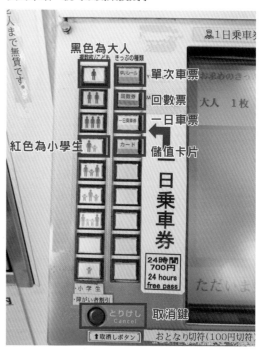

Step 4 確認票券

這是一日券的
樣子，可以使用
24小時，隔天也
可以用喔。

單軌電車各站重點特色一覽表

站名	特色	說明
那霸機場 (那霸空港駅)	機場	要從國內線航廈2樓的空橋前往車站。
赤嶺駅	UNION超市(フレッシュプラザユニオン赤嶺店)	沖繩最便宜的超市,可以買水果、零食、飲料等,這是距離車站最近的分店。
小禄駅	AEON購物中心	非常好逛的購物中心,對面還有藥妝店,適合大採購的地方。
	廉價租車公司	廉價租車大部分會設置在這個區域。
奧武山公園	奧武山公園	時常舉辦運動比賽,也會是祭典的場地。
壺川駅	無	
旭橋駅	沖繩巴士總站(那霸バスターミナル)	轉乘高速巴士前往沖繩北部,就要從這站下車。 ＊巴士總站從2015年4月開始重建,故乘車位置有所變動。 詳見:www.asahibashi.jp/blog/data/upfile/95-1.pdf
	JACKY STEAK HOUSE(ジャッキーステーキハウス)	沖繩第一家牛排館,非常道地又豪邁的美式牛排。
県庁前	國際通(頭)	大約在國際通的頭,也是最鄰近國際通的車站,不想走太多路,可挑選此車站附近的飯店。
美栄橋	國際通(中段)	大約在國際通的中段,到牧志市場的話,這一站最近。
	淳久堂書店	購買日本書籍、雜誌的大寶庫,也是沖繩書店中日文書最齊全的地方。
	牧志市場	多項吃喝玩樂,體驗沖繩人的日常生活。
	STARBUCKS	國際通上的知名咖啡店,很多人會在此購買沖繩城市杯。
	泊港	要前往離島的話,很多航班需在泊港搭船。
牧志駅	國際通(尾)	大約在國際通的尾,其實離國際通熱鬧的地方有一段距離。
	松本清	如果想找開架化妝品,和比較時髦的藥妝,那就得來松本清。
	高良CD(高良レコード店)	購買沖繩音樂的最佳地方。
安里駅	壺屋通	陶瓷器小物的街道,想買些沖繩傳統紋樣杯盤,或是年輕藝術家創作,這裡就是大本營。
新都心(おもろまち駅)	T免稅店	沖繩最大的路面免稅店,如果要買國際名牌,可以來這比價看看。
	OTS租車公司	跟車站直接連結,堪稱最不需要走路的租車公司。
	各大購物中心	此區購物中心、電器百貨林立,想買國際品牌以外的東西,這裡幾乎統統有。
	縣立美術館、博物館	博物館可以了解沖繩歷史及文化,美術館可以欣賞到在地藝術家的作品。
古島駅	無	
市立病院前	無	
儀保駅	無	
首里駅	首里城	雖然叫做首里,但其實距離首里城還有約15分鐘的步行距離,如果想悠閒散步,就可以考慮搭單軌去。

計程車

沖繩本島計程車的起跳價約為500円(1,750公尺)，跳表一次約為60~70円(350公尺)，雖然還是比台灣貴，但已經比日本其他地方便宜許多。沖繩公車通常只開到晚上9點，而單軌末班約是晚上11點半，萬一玩太晚超過時間，就只能搭計程車了。

另外，那霸市區往返機場時，若行李較多，非常推薦使用計程車，價格依照居住區域，從國際通出發約1,200~1,500円左右，趕早班機很方便。

各大計程車公司都有提供固定的旅遊路線，如果是這些路線的話，依照旅遊地點及旅遊時間，費用通常會比一般包車便宜，也可以考慮看看。

另有計程車公司如第一交通，提供多國語言翻譯服務，搭乘期間可免費利用的口譯服務。向司機表達需使用口譯服務之後，司機會幫忙打電話給口譯公司，然後就能開始進行口譯服務。可以更順利地表達想去的地方，並且能知道大約的交通時間與費用。

計程車資訊這裡查

從那霸機場出發到各地的計程車資參考
www.geocities.jp/kochi_taxi/fm_nahaairport.html

第一交通電話一覽表

那霸市	098-853-7801
浦添市	098-877-7659
中部地 (沖繩市・北谷町)	098-936-8888

沖繩計程車費率表
單位：円

	可乘坐人數 (不含司機)	初始費用 (1,750公尺內)	追加費用 (每350公尺)	怠速時費用 (每2分10秒)
小型車	3	500	60	60
中型車	4	510	70	70
jumbo車	9	610	90	90

資料時有異動，請以官方公布的最新資料為主

高速巴士

高速巴士是從機場啟程，行經高速公路，行駛至沖繩北部的巴士，共有兩種，「111」號公車班次較多，班次較少的「運天港」可從機場直達美麗海水族館。

船

船分為高速船、渡輪及快艇。高速船、渡輪主要用來前往較遠的離島，如慶良間諸島、久米島等，需在大型港口搭船，有固定時刻表。而快艇主要前往較近的離島，大多是載客去玩水上活動，可在小型碼頭、漁港搭船，通常沒有固定時刻表，需要跟水上活動店家約時間。

交通篇

租車

若是在台灣有相當開車經驗的話，租車會是不錯的選擇，相較於限制較多的大眾運輸系統，租車可以更自在地暢遊沖繩。沖繩租車公司非常多，選擇一個適合自己的租車公司，會是很重要的事情。另外那霸市區的停車費比較貴，所以如果只待在那霸市區的話，則建議利用其他大眾交通方式。

如何挑選租車公司

大型租車公司

像TOYOTA、ORIX、TIMES、NISSAN、BUDGET等租車公司，在沖繩各地都有數間分店，對於借還車的地點，會有比較彈性的選擇。

廉價租車公司

以低廉價格為號召的租車公司，可能使用中古車作為出租車輛，但安全上倒不會有什麼問題，只是有可能車內電子設備，包括導航系統會比較舊式，費用有可能是一般租車公司的半價。通常沒有任何外語服務人員，所以如果會日語，且對駕車有自信的話，可以考慮使用這類型租車公司。

OTS租車公司

專營北海道及沖繩地區的租車公司，在沖繩也有很多分店。更重要的是，他們那霸分店有中文服務人員，另外也有中文的電話租車及諮詢服務，且電話是設在台灣，所以也不需要打高額的國際電話，就能夠租好車輛，這對於不會日語的朋友來說，真是一個福音。

獨創的右駕模擬器，如果沒信心上路，可以先在這邊適應一下

第一次租OTS的話，一開始會在這邊集中講解注意事項

還車時認得這個「返却」的漢字即可

租車公司這裡查

大型租車網站

NISSAN租車
www.nissan.car-rental.jp

TOYOTA租車
www.oki-toyota-rent.jp/index.shtml

NIPPON租車
www.nr-okinawa.co.jp

TIMES租車
rental.timescar.jp/okinawa

OTS租車公司
www.otsinternational.jp/otsrentacar/cn/okinawa

廉價租車網站

SKY租車
www.skyrent.jp/okinawa

FUJI租車
www.fujiren.jp/okinawa

NICONICO租車
www.2525r.com/okinawa

MARU租車
mar-ru.com

其他租車網站

TOCOO租車網
www2.tocoo.jp/cn

JALAN租車網
www.jalan.net/rentacar

線上租車步驟教學

以樂天網站租車為例：**travel.rakuten.co.jp/cars**

 Step 1 選擇租借時間

進入樂天租車網站首頁，在左側框框輸入搜尋條件。點選月曆圖案可選日期，時間以24小時為單位。

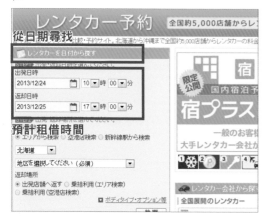

Step 2 填寫租借地點

填入要借出、還車的地點，如果想要「甲地借乙地還」的話，可以在「返卻場所」選其他地點。

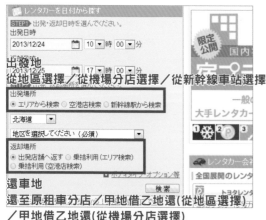

還車地
還至原租車分店／甲地借乙地還(從地區選擇)
／甲地借乙地還(從機場分店選擇)

Step 3 點選「檢索」

Step 4 選擇車款

選擇想要的車型，車款可以依照圖示來選擇，點選「再檢索」。

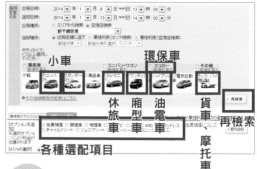

Step 5 選擇價位方案

搜尋結果列表，可以從公司及價位來選擇，特別便宜的可能就是廉價租車公司。選擇想要的方案之後，點選「預約」。

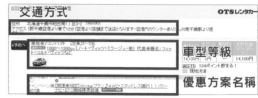

Step ⑤ 預約試算

預約試算畫面,中間是選購配件的區域。點選想要的配件後,點選最下面的「次の画面へ進む」。

表示されているアイコンについて		
■利用可能なオプション		
カーナビ (0円) **導航** ● 未選択		0円
チャイルドシート (0円) **兒童座椅** ● 未選択		0円
ジュニアシート (0円) **幼兒座椅** ● 未選択		0円
ベビーシート (0円) **嬰兒座椅** ● 未選択		0円
ETC (0円) ● 選択 ● 未選択		0円
4WD (0円) ● 選択 ● 未選択		0円
スタッドレスタイヤ (0円) **雪胎** ● 未選択		0円
■車両の特徴		
禁煙車 (0円) ※この車両は禁煙車となります。(0円)		
AT/MT (0円) AT		0円
■補償制度		
・免責補償の加入は任意となっておりますが、ご加入いただきますと万一事故を起こしても対物・車両補償の支払いが一定金額まで免除されます。		
・詳しくは下記補償内容をご確認ください。		
☑ 免責補償(北海道) SK〜D/HB (5,250円) **免責補償(預設加入)**		5,250円
■返却店舗選択		
返却店舗 貸出店舗に返却する		
料金 基本料金:14,100円/乗捨料金:0円/付帯サービス料金:5,250円/深夜早朝料金0円		
合計 19,350円 その他、貸出時の**總費用**オプションにつきましては、別途加算される場合がございます。		

免責補償の内容は「免責補償内容確認」からご確認ください。
入力された個人情報は個人情報保護方針に基づき取り扱われることに同意するものとします。

[次の画面へ進む] **下一步**

Step ⑦ 登入會員,或直接訂車

預約確認畫面。有會員的話就可以利用左下框框登入會員來訂車,如果不想加入會員,也可以用右下方的框框來繼續訂車。

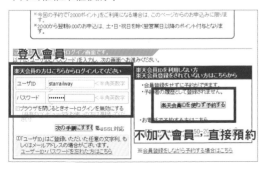

Step ⑧ 填寫駕駛資料

駕駛資訊輸入畫面,填好駕駛資料之後,到最下面點「次の画面へ進む」。

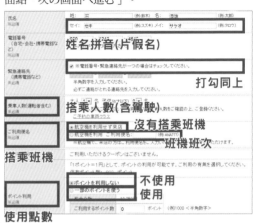

姓名拼音(片假名)

打勾同上

搭乘人數(含駕駛)

沒有搭乘班機

班機班次

搭乘班機

不使用

使用

使用點數

Step ⑨ 畫面確認

最終確認畫面,都沒問題的話,點選「この内容で予約」就完成預訂,之後請到信箱收確認信。

この内容で予約する」ボタンを押すと、予約成立となります。	
	この内容で予約する
■予約者・運転者情報	
予約者氏名	
予約者メールアドレス	
運転者氏名	
運転者氏名(カナ)	
運転者連絡先	
運転者緊急連絡先	
乗車人数(運転者含む)	大人 名 子供(6才以下)0名
ご利用便名	航空機を利用せず来店

Step ⑩ 預約確認E-mail

收到此信的話,就表示完成預約了。上面的「預約番號」,就是到時候要告訴租車櫃檯的編號。

【楽天トラベル レンタカー】予約確認メール

www.@mail.travel.rakuten.co.jp	10月9日

様

この度は楽天トラベル「レンタカー」をご利用いただき、誠にありがとうございます。
以下の通り、ご予約が完了いたしました。

■予約内容

・予約番号 : RC42456574634492687
: 2013.10.9(水)

自駕注意事項

外地人駕駛比例很高

沖繩有很多外地來的旅客,不管是日本人或是外國人,在異地開車總是比較生疏,所以在沖繩開車要特別留意前方車輛是不是生手,如果感覺有在找路或是速度忽快忽慢,請保持更長的安全距離。

車速快、頻繁變換車道

有人說駐紮沖繩的美軍會亂開車,是真的嗎?雖然不是美軍就一定亂開車,但如果看到開車速度快,或是搖車窗大放音樂的,或是任意變換車道的(這有可能是台灣人),就閃遠遠的準沒錯。停在停車場的時候,也避免停在它旁邊會比較好喔。

如何分辨美軍車輛

在日美軍的車子,車牌號碼前會標註英文字母「Y」,有寫的就是美軍的車子。

限速80公里

沖繩高速公路的速限只有80公里,跟日本其他地方可不一樣!另外中小型摩托車在日本的法定速度是30公里。

公車專用道勿駛入

那霸市區有公車專用道,警察取締很勤,請注意在平日的指定時段(約是早上7～9點,下午5點半～7點半)內不要駛入。

沖繩人車速較慢

沖繩人開車比較慢,有些甚至會低於速限行駛。

上下班時間容易塞車

那霸市的幹道(如58號縣道)很容易塞車,如果是上下班尖峰時刻,一定要預留塞車時間。

車牌首字為「わ」,建議與對方保持距離

車牌第一個字如果寫著「わ」,就是租車行的車,也就是說駕駛一定是外地人或是外國人,所以看到這種車子,建議保持較多安全距離為佳。

國際通每週日封路時段

每週日12:00～18:00,國際通會封路實施「TRANSIT MALL(トランジットモール)」,舉辦各種不同的活動,有時是表演;有時設置露天咖啡座。封路路段從「縣廳北口」起,直到「蔡溫橋(單軌牧志站)」,若於這段時間行經此處,一定要留意行車路線。

見「X」燈號閃爍,請改道

那霸市內特定道路,在特定時間內,可能會調撥車道給對向行駛,如果開車時發現前方車道有「X」燈號閃爍的話,需改走別的車道。

事先準備MAPCODE

沖繩小店常常沒有登錄在導航系統中,如果要找小店,最好能事先準備鄰近地圖或使用MAPCODE導航。

到有明確標示油價的加油站

沖繩油價大不同,那霸市區以及機場周邊的加油站會比較貴,遠離觀光客地區的加油站會明顯便宜許多,兩者價差可達1成以上,所以有到郊外時可以順便加油。另外網路傳言,看到租車車牌,有些加油站可能會賣特別貴,雖然我沒見過,但我也不敢保證完全沒有,建議還是找有明確標示油價的地方加油。

道路易打滑,過彎小心

沖繩道路特別容易打滑,特別是下雨時或下雨過

後馬路未乾的時候，那是因為沖繩的柏油路有使用「石灰石」作為部分材料，所以速度上千萬不要太快，尤其轉彎時要特別小心。

切勿任意停車

那霸市區跟機場周邊千萬不要隨便停車，經常取締。尤其機場周邊，隨時有巡邏車。

熱門地點的停車場可能會滿，請小心停車場事故

請注意：沖繩的便利商店常附設停車場，但只供店內的顧客使用，請勿貪圖方便把車停在便利商店，卻跑去別的地方。就算有在便利商店裡買東西也不行，有可能被檢舉違停。

取票，然後出高速公路時才付費。收費站分為兩個車道，一種是ETC車道，另一種為一般車道。如果沒有ETC卡的話，請走一般車道，把票交給收費員，他會告知金額，然後給現金就可以了。

進入高速公路時先取票，出口時交給收費員

收費站

沖繩高速公路的收費方式是，在上高速公路時先

若是沒有ETC卡，請走一般車道

高速公路過路費一覽表　　　　單位：円

1,000	850	750	700	600	500	400	300	300	200		1.那霸
950	800	700	600	600	450	350	300	250	150	1-1.西原JCT	
900	750	650	600	500	400	300	250	200	2.西原	150	150
800	700	550	450	400	300	200	150	3.北中城	150	250	250
							3-1.喜舍場	150	200	250	300
700	600	450	350	300	200	4.沖繩南		150	250	300	300
600	500	350	300	250	5.沖繩北	150		250	300	400	400
450	300	150	150	6.石川	200	300		350	450	500	500
			7.屋嘉	150	250	300		400	500	500	550
300	150	8.金武	150	300	400			450	550	600	600
150	9.宜野座	150	300	400	500			550	650	700	700
10.許田	150	300	400	500	600			650	750	750	800

註：只要把你上高速公路的收費站名，對應到你下高速公路的收費站名，就能知道費用。左斜半邊是一般車的收費標準；右斜半邊是輕型車的收費標準。例如：那霸～許田，一般車是1,000円，輕型車是800円。資料時有異動，請以官方公布的最新資料為主

租摩托車

沖繩是日本最多租摩托車店的地方，可租用的摩托車從50cc到400cc以上的重型機車都有，如果喜歡追風的感覺，在沖繩騎摩托車，說不定也是不錯的選擇。但要注意，安全帽及大鎖可是沒有附在基礎費用中的，須另外租用喔。沖繩的路常常有比較大的彎道，在行駛時務必要多加小心。

租摩托車方式大多跟租車相同，有可能不租借給外國人(或沒有日本手機號碼的人)，所以需要懂日文的人負責詢問。沖繩租摩托車店的費用，大致會設定2日(48小時)為一個基數，有些公司不提供2日以下的租借，有些公司雖有提供，但明顯費用比較高，費用可參考下表。

沖繩租摩托車費用參考表　　　　　　單位：円

	3小時	6小時	24小時	48小時	48小時後每24小時
50cc	1,200	2,000	2,800	4,400	1,200
125cc	1,600	2,800	3,300	5,200	1,600
1100cc	6,000	7,500	10,000	16,000	6,000

註：資料時有異動，請以官方公布的最新資料為主

租摩托車網站

Honda Sports 池原
🌐 honda.sports-ikehara.com

レンタバイク アプロ
🌐 www.rentabike-apuro.jp

包車

如果不想研究公車，又不打算自己開車，那麼花錢包車也是一種選擇。沖繩各大計程車公司都有提供包車服務，費用會依據包車時間、移動距離等有所不同。

沖繩包車費用參考表　　　　　　單位：円

	可乘坐人數	4小時	6小時	8小時
小型車	3	10,200	14,400	18,600
中型車	4	14,000	21,000	28,000
大型車	9	17,600	26,400	35,200

註：資料時有異動，請以官方公布的最新資料為主。如果有行經高速公路，另需過路費用。
參考網站：**nishihara.main.jp/index.html/itemlist.html#kakuyasu**

 隨意路邊停車，恐遭取締

如果是在比較市區的地方，請把車停在停車場，盡量不要把車子停在路邊。因為市區經常取締違規停車，而旅客不熟當地習慣，常常無法分辨路邊是否可以停車，因此建議還是以停車場為主。如果比較郊區的話，則要注意在此停車會不會造成別人的不便，如果不會，就可以停車。

酒雄提醒　**包車請勿超過8小時**

日本司機的工時一天不能超過8小時，若超過需另付加班費，即使行程中遇塞車，造成司機超時工作，一樣需要支付加班費，因此包車前要將交通壅塞情形一併列入考量。另外，包車若過夜，也需提供司機的食宿費用。

交通方式優缺點分析表

	移動範圍	時間	優點	缺點	適合對象
公車	幾乎沖繩全島	需要等車	○不用自行駕駛 ○大部分區域可以抵達	○路線複雜 ○費用不便宜 ○有時班次不準時	○不打算開車玩的人 ○想慢慢玩的人
單軌電車	那霸市(機場～首里)	需要等車	○不用自行駕駛 ○班次準時抵達	可抵達區域很有限	只想玩那霸市周邊的人
租車	沖繩全島	想走就走	○想去哪就去哪 ○有導航比較不會迷路 ○大家分攤費用就很便宜	需自行駕駛	○想四處跑的人 ○家庭、三五好友出遊 ○有老人家同行 ○想大量購物的人
租摩托車	沖繩全島	想走就走	想去哪就去哪	○需自行駕駛 ○沒有導航,容易迷路 ○易受天候影響安全性	○想四處跑的人 ○想感受沖繩的風 ○想走遍那霸市內特色店家又不想走路的人
包車	沖繩全島	想走就走	○不用自行駕駛 ○想去哪就去哪	費用較高	想輕鬆玩沖繩的人

指指點點日文 めおだ

	中文	日文		中文	日文
好用單字	上車	乗ります	常用會話	請幫我叫計程車。	タクシーを呼んでもらえますか。
	下車	降ります		請問最近的車站在哪裡?	一番近い駅はどこですか。
	轉車	乗り換え		我有預約租車。	レンタカーを予約しています。
	標準汽油	レギュラー		預約號碼是＿＿＿＿＿。	予約番号は＿＿＿＿＿です。
	收據	レシート		請載我到這個地方。	ここまでお願いします。
				請問有停車場嗎?	駐車場はありますか。
				標準汽油加滿。	レギュラー、満タンお願いします。

Okinawa
Accommodation

住　宿　篇

在沖繩旅行，有哪些住宿選擇？

沖繩一年會有700萬外地人來旅遊，自然也有很多住宿的選擇，不管是高級旅館、商務旅館，或是背包客棧，每位旅人有自己的需求。且沖繩屬南北狹長的地形，選擇適合行程的住宿地點，是很重要的事情。

Super
Relax~

住宿種類

通常我們規畫一趟旅行，機票、交通跟住宿，是一開始就會先設定好的成本項目，而機票票價基本上是固定的，且沖繩交通費用不算貴，因此住宿這個項目的花費，會主要影響整個旅行的預算。

所以先了解住宿類型，以及大約需求的費用是多少，再來選擇住宿，是比較好的方式。一般來說，把住宿地點大致區分成以下幾種類型。(以下費用皆以兩人一室，雙人房為例，但Guest House除外)

度假飯店

靠近海邊可欣賞海景的飯店，較高檔飯店則會有自己的專屬海灘。另外沖繩北部、西部海岸等地，也有海邊的獨棟小木屋，可整棟包下來。如果想進行度假式的旅遊，這類飯店會是好選擇。

價格：每晚約10,000～120,000円

高檔飯店

強調隱私、設備高級的飯店，服務當然也是非常到位，價位自然就會比較高一些。如果想享受飯店設施跟精緻的服務，可考慮這類旅館。

價格：每晚約20,000～30,000円

商務飯店

通常位於鬧區，費用上就會比較平價一些，基本上還是非常衛生、乾淨。如果選擇旅館只是為了想安靜休息，這類型的旅館就很適合。

價格：每晚約5,000～15,000円

公寓式酒店(コンドミニアム)

在日本把「コンドミニアム(Condominium)」這個字當成一種住宿類別，意指帶有廚房、洗衣機等生活設備的住宿設施。近年在沖繩非常流行，通常坪數會比旅館大，也可能附帶客廳等，更適合一家大小出遊的旅行者。

一般來說，價格不會比較貴，只是可能在櫃檯或其他服務上會比較陽春，且如果連住兩晚以上，中間並不會提供打掃，也通常不會幫忙清垃圾。每家經營模式跟提供服務層級差異比較大，建議會說簡易日語，或已經對沖繩熱門熟路的旅人再來嘗試。

有的公寓式酒店並沒有提供櫃檯服務

民宿、Guest House

　　這類型的旅館，經營型態繁多，有以床位計價的，也有依照房間計價的，也有整棟出租的，也有像招待所比較高檔的，也有專門提供給潛水客人的。當然隨著其豪華程度，及使用空間，其費用就有很大的落差。一般來說會比較沒有隱私，且有可能會跟其他人共用房間及其他設施，如浴室、洗衣機等等。如果想在住宿費上盡量節省，或打算長期停留、體驗生活，這不失為一個好選擇。

Guest House會有交誼廳，有機會認識其他旅人

價格：床位形式的，最便宜可能每人每晚1,500円，最高檔的可能每人每晚10,000円左右

如何選擇合適的旅館

　　事前預約，價格常常會比較優惠，且可以避免沒有地方睡的窘境。

事先規畫旅遊區域

　　建議事先把房間訂好比較安心，特別是旺季時遊客眾多，臨時訂很有可能會沒有房間，另外一點就是現場的價格通常會貴很多。所以如果事先有安排好旅遊區域的話，就能在出發前先把飯店預訂起來。飯店官網基本上都有提供訂房，但建議還是先上訂房網站查價，稍作比價，才能確保是以當下最低價訂房。

決定旅行經費的占比

　　自助旅行的一項特點，就是可以自己決定旅行經費的比重。如果想要住海景、或是飯店設施比較多元的，價格自然就比較高，如果只是回飯店過夜，其他時間都在外面玩的話，便宜旅館就行了。

善用訂房網站

　　訂房網站上常常會有特價優惠，可能比官網還便宜。如果遇到限時優惠，那更是會便宜不少，建議可以多比價。

選擇有平面停車位的旅館

　　如果要租車自駕的話，會建議找旅館時要特別留意停車場的種類，最好是有平面車位，且停車位充足的旅館。才不會因為覺得出車麻煩，導致早早進飯店確保停車位，大幅減少了旅遊的機動性。

旅行社代訂

　　如果不知道怎麼選擇旅館，也可以直接請旅行社幫忙代訂，只要告訴旅行社人員，需要入住的時間、大致位置、預算、需求等就可以了。

網路訂房看這裡

訂房網站

Jalan
　www.jalan.net

Agoda
　www.agoda.com

樂天旅遊
　travel.rakuten.com.tw

Hotels.com
　tw.hotels.com

飯店官網

Apa hotel
　www.apahotel.com/
　hotel/okinawa

Super Hotel
　www.superhotel.co.jp

西鐵Resort Hotel
　www.n-inn.jp/hotels/naha

東橫INN
　www.toyoko-inn.com

住宿地點

因為沖繩地形屬於南北狹長型，開車從南部到北部，需要花上2小時的時間。所以可以根據想玩的區域，來規畫住宿點，常用據點整理如下表。

酒雄提醒

回程班機較早，可考慮南部住宿

南部飯店分布比較散，去各區又比較遠，所以沒列入表中。但去機場比較快，如果最後一天班機較早，又不想住鬧區，那或許可考慮南部的飯店。

沖繩住宿據點分析一覽表

推薦住宿據點	適合遊玩區域(所需車程分鐘)		說　　明
名護(北部)	古宇利島(35)	瀨底島(25)	玩北部的話，名護是最佳根據地，不但吃晚餐、宵夜的地方多，飯店的選擇也會比較多。
	美麗海水族館(35)	萬座(30)	
	岸本食堂本店(25)		
恩納(北部)	名護(20)	讀谷(40)	海景飯店多集中在恩納一帶，所以想度假的話，選擇這邊的濱海飯店是不錯的選擇。
	萬座(15)		
讀谷(中部)	萬座(30)	北窯(10)	寧靜的讀谷也是很適合旅人下榻的地方，這區也以海景飯店居多。
	殘波(10)	北谷(25)	
北谷(中部)	讀谷(25)	海中道路(30)	美國村附近有很多飯店可供選擇，購物、逛街的需求基本上都能滿足。
	宜野灣(20)	港川外人住宅(20)	
沖繩市(中部)	讀谷(30)	宜野灣(30)	相較於其他中部的據點，沖繩市會顯得比較寧靜，且距離東部的海中道路比較近，要往東邊走的話，推薦住宿選在這區。
	北谷(20)	港川外人住宅(25)	
	海中道路(20)		
宜野灣(中部)	北谷(20)	新都心(20)	沒像北谷那麼熱鬧，但要吃要買都有地方可以去。距離那霸也很近的好地方。
	港川外人住宅(15)	國際通(25)	
那霸	北谷(30)	系滿(30)	最多人住宿的區域，如果靠近國際通，晚上可徒步走去逛街。要往南部走的話，也是建議住宿在那霸市。
	宜野灣(25)	知念(40)	
	港川外人住宅(15)		

⁉️ 飯店住宿禮儀

為了做到良好的國民外交，請參考以下注意事項：

1. 冰箱有時候會有設置開關，打開才會冰。
2. 垃圾請盡可能分類，大分為可燃(塑膠袋、紙屑類等)，不可燃(鋁罐、寶特瓶、玻璃等)。
3. 廁所的衛生紙請直接用馬桶沖掉，其他垃圾可丟垃圾桶。
4. 請盡可能節約用電，離開房間請把電視關掉。
5. 有些飯店會由中央控制空調，如果覺得空氣太乾，可以跟飯店借加濕器。冬天如果覺得暖氣太強，則可以開窗調節。
6. 走廊的聲音很容易傳入房間，請放低音量及腳步聲。
7. 飯店通常有提供寄送明信片的服務。
8. 沖繩很多飯店接受check out後的行李寄放，甚至可以過夜。有需要的話，可以問問看。

用打工換取免費住宿

沖繩有很多民宿(Guest House)有提供換宿的服務，因為要跟客人溝通，所以需要會講日文的人。通常最少要做滿2星期～1個月，基本上就是打掃、換洗床單、回答問題等工作，如果可以勝任的話，就能免費換宿，但並沒有另外的薪水。如果想體驗人生，或嘗試在沖繩居住，這會是好選擇。相關資訊可利用google搜尋「沖繩＋ヘルパー募集」。

指指點點日文 めお、だ

好用單字	中文	日文
	單人房	シングル
	雙人房	ダブル
	雙床房	ツイン
	毛巾	タオル
	枕頭	まくら
	冷氣	エアコン
	電視	テレビ
	熱水	お湯
	電燈	電気
	冰箱	冷蔵庫
	大廳	ロビー
	櫃檯	フロント

常用會話	中文	日文
	請問有空房嗎？	空いている部屋はありますか。
	我要一間單人房。	シングルを一つお願いします
	我有訂房。	部屋を予約しています。
	可以換成禁菸房嗎？	禁煙室に換えてもらえますか。
	我要一條毛巾。	タオルを一枚しください。
	我可以寄放行李嗎？	荷物を預かってもらえますか
	附近有便利商店嗎？	この近くにコンビニはありますか。
	請幫我打掃房間。	部屋の掃除をお願いします。
	這個東西我想要從飯店寄到機場。	この荷物を那覇空港まで送りたいです。

Okinawa
Dining & Shopping

美食購物篇

在沖繩，有哪些道地美食和特色紀念品？

說到沖繩的美食，一時半刻是說不完的，加上美麗的海景加持，有很多值得一去的餐廳。而多數藝術家居住的沖繩，要買個獨一無二的紀念品，絕非難事。美食與購物，你準備好去沖繩好好享受了沒？

Yammy!
Fun!

必吃の美食

沖繩麵

沖繩在地人吃的湯麵，主要配料是滷過的三層肉、魚板跟蔥，常有台灣朋友笑說是「爌肉麵」。沖繩麵店分布在全島各處，到處都有得吃，好好選擇一間適合自己的店吧。上面放三層肉的叫做「沖繩そば」，而放小排的叫做「ソーキそば」。

傳統沖繩麵

時髦裝潢下吃到的是傳統古法製成的沖繩麵，強調天然，與環境共生，味道也是很棒的。

Q彈沖繩麵

百年沖繩麵老店，常常都需要排隊。口味偏甜，麵質Q彈，很值得來試試。

那霸市 MAP／P.122

私房推薦

てんtoてん
（點到點沖繩麵）
適合約會的沖繩麵餐廳

在被藤蔓植物包圍住的時尚餐廳裡面，吃到的是遵古法製成的沖繩麵。很久以前沖繩居民都是用柴火煮飯，柴火燒盡後自然產出的灰，可以用來製麵，這裡的麵條就是用這樣的方式製成的。注重養生、健康與環境共生的沖繩麵，在讓人停下腳步的美好環境下享用，還有什麼比這更療癒的呢？

MAPCODE 33 130 072
地址 沖繩縣那霸市識名4-5-2 電話 098-853-1060 營業時間 11:30～15:00 公休日 週一 鄰近公車站 識名 停車場 有

北部 MAP／P.110

きしもと食堂
（岸本食堂）
百年老店的沖繩麵

開業超過100年的沖繩麵店，因為開在市場裡，所以座位數不多，常常會需要排隊。岸本食堂保留傳統作法來製麵，口感比日本人愛吃的烏龍麵Q彈。搭配滷過的豬肉及白色魚板，湯底取自海鮮及豬骨，味道比較甜，但底味很不錯，會想把湯喝完。

MAPCODE 206 857 712
地址 沖繩縣国頭郡本部町渡久地5 電話 0980-47-2887 營業時間 11:00～17:30(賣完為止) 公休日 週三 鄰近公車站 渡久地 停車場 有(僅3台)

美食購物篇

招牌小排麵
(ソーキそば)

鮮甜
沖繩麵

大骨湯頭味道非常鮮甜,手工麵條帶咬勁,這一碗值得專程來吃。

平價又好吃的沖繩麵,小排口味濃厚,湯底則是清爽路線。

那霸市 MAP／P.122

私房推薦

田舍
公設市場南店
CP值極高的沖繩麵店

從市場入口一直走,就可以看到黃色的招牌,沿著招牌就能抵達這間超便宜沖繩麵店,招牌的小排麵(ソーキそば)只要390円就可享用,真的是非常佛心的麵店,一直以來深受在地居民的喜愛。湯頭可以喝到柴魚湯底的味道,小排滷得非常入味,麵跟湯頭很搭,是一定要來嘗看看的沖繩滋味。

MAPCODE 33 157 205
地址 沖繩縣那霸市松尾2-10-20 電話 無 營業時間 11:00～19:00 公休日 無 鄰近公車站 てんぶす前 停車場 無

中部 MAP／P.116

てだこ
(Te Da Ko沖繩麵)
口味獨到的沖繩麵店

以前浦添曾是琉球王國的首都,當時的國工「英祖王」在傳說中是太陽的化身,而浦添這地方就被稱為「Te Da Ko」,在沖繩方言中,是「太陽之子」的意思。一般我們吃的傳統沖繩麵,多半是以柴魚高湯為底製成的,

但這家是以大骨熬成的高湯為湯底,搭配手工製麵,吃起來特別好吃,絕對有特地跑一趟來吃的價值。

MAPCODE 33 281 291
地址 沖繩縣浦添市仲間1-2-2 電話 098-875-5952 營業時間 11:00～20:00 公休日 週一 鄰近公車站 美術館前／浦添市役所前 停車場 有

食堂美食

沖繩因為多屬雙薪家庭，故外食風氣也十分興盛。所以街上會看到很多食堂，主要販售生魚片、豬排丼、炒苦瓜、沖繩麵等家常料理。

海葡萄
(海ぶどう)

海葡萄是一種可以食用的海藻，又被稱為「綠色魚子醬」。在沖繩是十分常見的食材，常淋點醬油直接生吃。

炒苦瓜
(ゴーヤチャンプルー)

沖繩必備家常料理「炒苦瓜」，是把苦瓜，跟豬肉、雞蛋、島豆腐炒在一起的料理。

醋拌海髮菜
(もずく酢)

「もずく」是一種海藻，又稱為水雲。在沖繩是很常見的食材，加入醋後可直接食用，是很開胃的小菜。

那霸市 **MAP／P.122**

お食事処花笠
(花笠食堂)

四處可見的家庭料理餐廳

花笠食堂在沖繩可以看到很多分店，主要提供便宜又大碗的家常料理，如沖繩麵、三層肉、豬腳、炒苦瓜等，口味都很道地。特別是生魚片一份才700円，可以吃到很多種類，非常划算。如果想吃飽又不想花太多錢，這會是一個好選擇。

MAPCODE 33 186 056
地址 沖繩縣那霸市松山2-22-4 電話 098-941-1234 營業時間 09:00～22:00 公休日 無 鄰近公車站 若松入口 停車場 無

那霸市 **MAP／P.122**

みかど
(MIKADO食堂)

24小時可享用沖繩家庭料理的食堂

沖繩人因為常常外食，所以街上會看到很多食堂，主要販售生魚片、豬排丼、炒苦瓜、沖繩麵等家常料理。這間就位於58號國道上，24小時營業，不管什麼時間，都能吃到沖繩媽媽的味道。即使半夜，還是很多人在這邊用餐，而且幾乎都是當地人，想體驗道地口味來這準沒錯。

MAPCODE 33 156 563
地址 沖繩縣那霸市松山1-3-18 電話 098-868-7082 營業時間 24小時 公休日 1/1、1/2、1/3 鄰近公車站 農林中金前 停車場 無

美食購物篇

滷豬腳 (てびち)

料理本身跟台灣的豬腳很相似，但口味略有不同。富含膠質，是美容聖品。

小魚豆腐 (スクガラス豆腐)

在豆腐上放上醃漬小魚的傳統料理，小魚帶一點腥味，味道偏鹹，適合下酒。小魚刺多，應從頭部開始吃。

滷三層肉 (ラフテー)

外觀很像東坡肉的沖繩料理，不一樣的是在煮的時候有加入泡盛酒，讓肉質更加軟嫩，一夾即散，入口即化。

花生豆腐 (ジーマミー豆腐)

用花生為主原料製成的豆腐。會淋上醬油一起食用，吃起來甜甜鹹鹹，口感綿密，適合配飯。也有人當成甜點來吃。

那霸市	MAP／P.122

民謠酒場 昭和村

國際通上的沖繩三線居酒屋

是一間邊吃沖繩料理，邊聽三線音樂表演的居酒屋。餐點可以用單點的，或是給預算讓店家配菜。三線表演不需另外收費，有喜歡的歌曲也可以點歌，或我們自己也能上台唱。唱到開心時，台上表演者還會帶大家一起跳「卡恰西舞」。

MAPCODE 33 157 347
地址 沖繩縣那霸市松尾2-8-56 電話 098-866-0106 營業時間 17:00～有賺錢為止 公休日 無 鄰近公車站 松尾 停車場 無

北部	MAP／P.110

しらさ食堂 (si-ra-sa食堂)

可吃到稀有海膽的平價食堂

位於古宇利海灘附近的食堂，可以吃到古宇利島上的特產海膽，也有好吃的生魚片跟海葡萄。東西都滿好吃的，很有在地食堂的感覺。但最近幾年因為海膽收成不是很好，常常會禁止捕撈，就有可能會吃不到了。

MAPCODE 485 662 804
地址 沖繩縣国頭郡今帰仁村古宇利176 電話 0980-51-5252 營業時間 7～9月11:00～20:00，10～6月11:00～18:00 公休日 週四 鄰近公車站 無 停車場 有

那霸市	MAP／P.122

ゆうなんぎい (黃槿木)

正統派沖繩料理老店

在地客比觀光客還多的正統派沖繩料理，適合家庭或跟好朋友來用餐。除了單點料理之外，也有定食、沖繩麵可以選擇。如果不知道怎麼點，店家把較具代表性的料理，做成A、B定食，第一次去可以優先考慮定食。

MAPCODE 33 157 211
地址 沖繩縣那霸市久茂地3-3-3 電話 098-867-3765 營業時間 12:00～15:00，17:30～22:30 公休日 週日、國定假日 鄰近公車站 松尾一丁目 停車場 無

漁港美食

沖繩人散居各處，各村落都有漁港，而漁港裡常常會有食堂供應餐食，價格實惠，是旅人享用在地美食的好地方。

日文雖是「てんぷら(天婦羅)」，但炸的方式跟我們炸雞排差不多，除了魚肉之外，也常使用花枝、魚板等海鮮類食材。

漁港都會把當天的鮮魚，切成生魚片後擺在飯上，就成了海鮮丼。

把海膽醬塗在龍蝦上，然後下烤箱烤製而成。上桌時香氣四溢，非常下飯的一道料理。是PA-YA-O直賣店的招牌菜。

炸魚
(てんぷら)

海鮮丼

海膽醬烤龍蝦
(伊勢海老のウニ焼き)

中部 MAP／P.116

パヤオ直売店
（PA-YA-O直賣店）

可吃龍蝦海膽燒的市場賣店

位於泡瀨漁港內，本來是提供給漁夫或到市場買貨的客人，但因為價錢公道，所以也有觀光客專程去吃。這裡的最大特色，就是「龍蝦海膽燒」，是把半隻龍蝦塗上海膽製成的醬料後，放進烤箱的一道豪邁料理。

MAPCODE 33 565 341
地址 沖繩縣沖繩市泡瀨1-11-34(泡瀨漁港內) 電話 098-938-5811 營業時間 10:30～18:00 公休日 無 鄰近公車站 美津呂 停車場 有

中部 MAP／P.116

海人食堂

讀谷村可吃到
新鮮生魚片的海港

讀谷村漁港附設食堂，提供各種生魚片、炸魚等海產。中午時段也有提供海鮮丼，位子不多。點餐方式是先填單，還得寫上自己的名字後結帳。餐點好了會在窗口喊單子上寫的名字來取餐。

MAPCODE 33 792 301
地址 沖繩縣沖繩市中頭郡讀谷村都屋33 電話 098-956-1640 營業時間 10:00～16:00 公休日 無 鄰近公車站 都屋 停車場 無

南部 MAP／P.130

中本てんぷら店
（中本炸物店）

小島上的排隊美食

奧武島上的炸物店，有點像我們台灣的雞排攤，只不過他們主要炸的是海鮮類。小小店家，人氣卻很旺，常常排隊。店家有附設一小區座位，也可以在這邊吃。價錢便宜，選擇品項也很多元，有來南部不可錯過。

MAPCODE 232 467 296
地址 沖繩縣南城市玉城奧武9 電話 098-948-3583 營業時間 11:00～20:00 公休日 無 鄰近公車站 奧武 停車場 有

燒肉

素有夢幻豬肉之稱的沖繩在地品種的黑豬肉，比一般的豬肉味道更甜，也較沒有豬肉特有的腥味。適合燒烤，或下鍋涮熟馬上吃。

石垣和牛
(石垣牛)

在沖繩離島「石垣島」上飼育，並符合特定條件的黑毛和牛品種的牛隻，才能被認定為石垣牛，是一種高級牛肉品牌。其肉質較為扎實，不會有過分的油脂，吃起來鮮甜味美。各種吃法中，尤以炭火燒烤最好吃。

阿古黑豬 (あぐー)

沖繩在地品種的黑豬，霜降部分較一般豬肉多，脂肪甜度也很高。因產量稀少，素有夢幻豬肉之稱。

那霸市 MAP／P.122

神戶BAR 仲々
(神戶BAR 仲仲)

吃到炭火和牛排的高檔餐廳

老闆是來自神戶，堅持以炭火料理牛排。可以吃到石垣牛、肉汁甜美夢幻的阿古豬。除了炭烤排餐之外，內行人都會點老闆花一週時間燉煮的咖哩飯。牛肉都已化在咖哩醬汁當中，那濃郁又迷人的風味，讓人難忘。

MAPCODE 33 157 429
地址 沖繩縣那霸市牧志1-1-14 安木屋ビル1F 電話 098-869-8883 營業時間 17:00～00:00 公休日 週一 鄰近公車站 松尾一丁目 停車場 無

北部 MAP／P.110

私房推薦

長堂屋
多種吃法的
阿古豬專賣店

堅持使用百分百純種的坑球黑豬「今歸仁阿古(アグー)豬」專門店，可選擇吃小火鍋或燒肉套餐，或是兩種通通來。今歸仁阿古豬肉比一般的豬肉脂肪較少，肉質非常美味。要走一小段山路才能抵達，但我相信一定值得。

MAPCODE 553 026 328
地址 沖繩縣国頭郡今歸仁村玉城710-1 電話 0980-56-4782 營業時間 17:00～00:00 公休日 週三 鄰近公車站 今歸仁村役場前(走路距離1公里) 停車場 有

那霸市 MAP／P.122

燒肉レストランロインズ
(燒肉餐廳ROINS)

私房推薦

裝潢時尚的高檔燒肉店

明亮裝潢，就算是盛裝也能走入的燒肉店，且備有很多包廂，如果想來個燒肉約會，這裡是很棒的選擇。菜色主打高級燒肉，特別是ロインズカルビ（ROINS牛五花），是把整片肋眼肉片上桌，然後再由店員桌邊服務，幫我們剪成4種燒肉片，既特別又美味。

MAPCODE 33 156 478*64
地址 沖繩縣那霸市久茂地2-6-16 電話 098-943-9129 營業時間 17:00～00:00 公休日 無 鄰近公車站 パレットくもじ前 停車場 無

日本拉麵

豚骨拉麵
(とんこつラーメン)

日本只要是觀光客多的地方，就會有很多拉麵店，沖繩每年超過700萬人次的觀光客，也難怪這麼多拉麵店，且每家生意都那麼好。

以大骨熬成白湯作湯底的拉麵，尤以九州豚骨拉麵最盛行，近年許多拉麵店紛紛到沖繩開店，採用了沖繩食材，口味不輸日本本土。

那霸市 MAP／P.122

暖暮
號稱九州第一的拉麵店

曾拿過某電視台的九州拉麵第一名的店來沖繩開分店，口味是道地的博多拉麵，以直細麵及濃厚的豚骨湯為主。可能因為九州口味跟台灣近似，所以台灣人特別愛這間拉麵店，常常整間店有一半是台灣或香港客人。拉麵可選麵的硬度、粗細、以及湯頭濃度等。九州名物的一口餃子非常好吃。

MAPCODE 33 156 468
地址 沖繩縣那霸市牧志2-16-10 1F 電話 098-863-8331 營業時間 11:00～隔日02:00 公休日 無 鄰近公車站 美栄橋駅前 停車場 無

那霸市 MAP／P.122

三竹壽 真嘉比本店
沖繩也能吃到的正統東京沾麵

老闆赴東京名店「六厘舍」學習沾麵製作技術，把好吃的沾麵介紹到沖繩。豚骨熬製的濃厚湯汁，加上日式柴魚高湯混合成口味濃郁但不膩口的沾汁，搭配帶有Q勁的粗麵，讓喜歡沾麵的人，每一口都滿足！

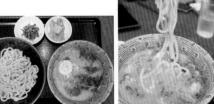

MAPCODE 33 189 652*70
地址 沖繩縣那霸市真嘉比2-1-6 電話 098-887-4433 營業時間 11:30～21:30 公休日 無 鄰近公車站 真嘉比、興南高校前 停車場 有

擔擔麵 (担々麵)

沾麵 (つけ麵)

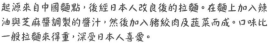

起源來自中國麵點，後經日本人改良後的拉麵。在麵上加入辣油與芝麻醬調製的醬汁，然後加入豬絞肉及蔬菜而成。口味比一般拉麵來得重，深受日本人喜愛。

煮好的拉麵不加湯，反而是沾濃郁的湯汁食用的日式拉麵。麵通常會使用粗麵，而沾麵的湯汁也常常加入魚粉，使口味更富層次。

那霸市 MAP／P.122

麵屋もとなり 久茂地店
(麵屋偶 久茂地店)

正統派的豚骨拉麵

遠處就能聞到濃濃的豬肉香氣，這是一間在地人之間很有名的拉麵店，宵夜時段常要排隊。湯頭屬於濃厚豬骨白湯，有加醬油，喝起來比較溫和一點，不會膩口，跟稍硬的麵體十分搭配。分量也不會太多，對女生來說剛剛好是一餐分量，男生可能就要加點些餃子比較足夠，或是當宵夜吃。

MAPCODE 33 156 323
地址 沖繩縣那霸市久茂地2-1-1103 電話 098-943-3302 營業時間 週一～六11:00～隔日05:00，週日11:00～24:00 公休日 無 鄰近公車站 パレットくもじ前 停車場 無

那霸市 MAP／P.122

登竜門
(登龍門)

口味豐富的創作型拉麵店

沖繩超有名拉麵店，強調自家製麵，除了傳統的豚骨拉麵、沾麵之外，也不斷推出新口味的拉麵，如：濃厚擔擔麵、干貝香氣鹽味拉麵、番茄拉麵等。最推薦的是濃厚擔擔麵，可以吃到豬肉甜味，還有辣椒的辣味，以及山椒的麻味，喜歡重口味的朋友應該會喜歡。而沾麵走清爽路線，當成喝酒後的收尾，是不錯的選擇。

MAPCODE 33 157 540
地址 沖繩縣那霸市久茂地 2-11-16 1F 電話 098-988-0044 營業時間 11:30～隔日05:00 公休日 週日 鄰近公車站 若松入口 停車場 無

異國美食

沖繩有很多美國大兵居住，帶來許多外來文化，這樣的多元性也反應在食物上，所以想來點不一樣的美食，沖繩選擇可是很多的。

東南亞料理

夏季炎熱的沖繩，也是適合來些酸酸辣辣的口味，比較引人食欲，這時候東南亞料理也是不錯的選擇。

夏威夷風料理

沖繩跟夏威夷有很多近似的地方，所以也有不少沖繩人喜歡夏威夷流行的鬆餅(pancake)、還有法式吐司等料理，通常是年輕情侶約會的好地方。

塔可飯 タコライス

料理源自墨西哥的塔可餅(Taco)，但是把主食的餅換成白飯，是沖繩人自創的料理，吃起來酸酸甜甜辣辣很開胃，適合炎熱的天氣時享用。

中部 MAP／P.116

ヤッケブース
(jakkepoes)

女性喜歡的夏威夷風鬆餅店

海邊一處外人住宅改建而成的鬆餅店，店內90%都是女性客人。鬆餅有很多口味，其中香蕉及莓果口味最受歡迎。也有提供鹹口味的鬆餅。

MAPCODE
33 792 098
地址 沖繩縣中頭郡読谷村字都屋

436 No.44 電話 098-894-4185(電話常常導不到，導航請搜尋住址) 營業時間 週一～週五 10:00～17:00，週末08:00～16:00 公休日 週二、週三 鄰近公車站 都屋 停車場 有

南部 MAP／P.130

カフェくるくま
(CAFÉ 薑黃花)

大露台可以看海的海景咖啡

可以在大露台欣賞無敵海景的薑黃花，提供平價美味的東南亞料理，是沖繩南部的人氣餐廳，建議大家要早點前往。餐點都是大分量，口味水準很到位，每樣都好吃。可以拿著飲料在露台發呆、看海。

MAPCODE 232 562 861
地址 沖繩縣南城市知念字知念1190 電話 098-949-1189 營業時間 10:00～20:00(10～3月只到19:00) 公休日 無 鄰近公車站 知念 停車場 有

中部 MAP／P.116

キングタコス長田店
(KING TACOS長田店)

沖繩式改良的塔可飯

「Taco Rice」(塔可飯)是沖繩人把墨西哥夾餅(TACO)的料，如絞肉、起司、生菜、番茄，改放在飯上，再淋上莎莎醬的獨創料理。「KING TACOS」的塔可飯深深受到在地居民喜愛，就算半夜都有很多人在吃呢。店常常客滿，還好塔可飯也可以外帶。

MAPCODE 33 346 016
地址 沖繩縣宜野湾市宜野湾3-1-1 電話 098-893-0286 營業時間 11:00～翌日5:00 公休日 無 鄰近公車站 長田 停車場 無

牛排

也是因為美國文化的傳入，沖繩有許多便宜又好吃的牛排館，人氣好的店家，天天都要排隊，但我相信絕對不會失望的。

漢堡 ハンバーガー

美食購物篇

披薩 ピザ

沖繩常見的披薩通常比較薄，吃起來負擔不會太重，比較像是一種輕食。如果可以邊看海，邊吃披薩，真是一大享受。

沖繩有這麼多美式料理的店家，當然不可以錯過火烤純牛肉漢堡囉！

那霸市 MAP／P.122
ジャッキー ステーキハウス
(JACK'S STEAK HOUSE)
沖繩第一間牛排館

Jacky Steak House是沖繩第一家牛排館，人氣很旺，隨時都有人排隊。我很推薦菲力牛排，雖然不強調用多高檔的牛肉，但吃起來滑順鮮嫩，非常美味，確實有一吃的價值。

MAPCODE 33 155 087
地址 沖繩縣那霸市西1-7-3 電話 098-868-2408 營業時間 11:00～隔日1:30 公休日 1/1 鄰近公車站 ネストホテル那霸前 停車場 有

北部 MAP／P.110
花人逢

老房子改建的披薩餐廳

沖繩古屋改建的披薩餐廳，位於可看到海景的高台。店內氣氛讓人感到非常放鬆。主要餐點是店家特製的手工披薩，還有沖繩在地特有的飲料。假日平日都需要排隊，請盡量早點去。

MAPCODE 206 888 669
地址 沖繩縣国頭郡本部町字山里1153-2 電話 0980-47-5537 營業時間 11:30～19:00 公休日 週二、週三 鄰近公車站 無 停車場 有

那霸市 MAP／P.122
私房推薦
ズートンズ
(zooton's)
漢堡控必吃的酪梨起司漢堡

完全美式風格餐廳，漢堡類餐點最受歡迎，其中推薦餐點就是酪梨起司漢堡(アボカドチーズバーガー)，現煎純牛肉肉排，加上調味過的酪梨沙拉，搭配起司、生菜、番茄，絕妙滋味在口中爆發出來，真是一間漢堡控必來的餐廳。

MAPCODE 33 157 274
地址 沖繩縣那霸市久茂地3-4-9 電話 098-861-0231 營業時間 11:00～21:00(僅週二、週日11:00～17:00) 公休日 無 鄰近公車站 松尾 停車場 無

咖啡館

最適合慢活的沖繩，有許多不同風格的咖啡館，有的重點在正餐，有的則是有無敵海景，有的則以咖啡為主打，各有各的支持客群。每天行程中安排個咖啡館，不但可以減緩我們慣以為常的急快步調，說不定還能為這次旅行留下深刻的記憶喔！

海景咖啡

濱邊的茶屋

圓圓咖啡南城店
CAFé YABUSACHI

南部 MAP／P.130

浜辺の茶屋
（濱邊的茶屋）

可以聆聽海聲的浪漫咖啡館

開在海邊的咖啡店，漲潮時眼前就是一片海，還可聽到海潮聲，非常浪漫。主要販售咖啡、茶等飲料，還有蛋糕、輕食。店內窗邊的座位最有人氣，常常就坐滿了，另外也有露台的座位區。

MAPCODE 232 469 519
地址 沖繩県南城市玉城玉城2-1 電話 098-948-2073 營業時間 11:00～20:00(週一14:00營業) 公休日 無 鄰近公車站 新原入口 停車場 有

南部 MAP／P.130

まんまるカフェ南城店
（圓圓咖啡南城店）

可邊聊天邊欣賞沖繩海景

圓圓咖啡本來是製作金楚糕(ちんすこう)的工房，這裡是工房直營的咖啡館。現烤的金楚糕，口味跟一般市售不同，特別好吃。可以欣賞美麗沖繩海景，是跟好朋友聊天、情侶約會的好地方。

MAPCODE 33 024 614
地址 沖繩県南城市知念安座真1106-1 電話 098-948-4050 營業時間 11:00～18:00 公休日 無 鄰近公車站 知念海洋レジャーセンター前 停車場 有

南部 MAP／P.130

CAFÉやぶさち
（CAFÉ YABUSACHI）

大人氣的排隊海景咖啡館

午餐提供西餐為主的餐點，飲料及甜點也很豐富。店內整面牆都是透明落地窗，方便旅人欣賞海景。還有個可以吹海風的小露台。另外也有提供婚禮包場服務，想來個海島婚禮的朋友，可以考慮看看喔！

MAPCODE 232 500 500
地址 沖繩県南城市玉城字百名646-1 電話 098-949-1410 營業時間 11:00～日落 公休日 無 鄰近公車站 百名入口 停車場 有

薑黃花

RESORT CAF**é** KAI

Transit café

Transit café

南部｜**MAP／P.130**

RESORT CAFE KAI

夜店風裝潢的海邊咖啡館

位於沖繩outlet附近，一個海濱公園裡面的餐廳。可選擇室內區或露台區，室內裝潢偏向夜店風，而露台則是可以直接欣賞海景。午餐時段有提供沙拉自助吧，晚上就會化身時尚的夜店，飲料類的菜單也非常豐富。距離OTS、ORIX租車公司的機場還車地點很近，所以還車前可以考慮來用餐或喝杯飲料。

MAPCODE 232 542 269
地址 沖繩縣豐見城市豐崎5-1 電話 098-840-6333 營業時間 11:00～21:30 公休日 無 鄰近公車站 豐崎美らＳＵＮビーチ前 停車場 有

中部｜**MAP／P.116**

Transit Café

可以慵懶發呆的海景咖啡館

海邊公寓樓上竟然是一間慵懶咖啡館，戶外可以直接看到海景。花式飲料及餐點都很有特色。是超人氣店，常常去都是高朋滿座，可以事先訂位。因剛好面向西邊，所以天氣好時可欣賞夕陽美景。在這邊可以待很久，也不會覺得無聊。

MAPCODE 33 584 075
地址 沖繩縣中頭郡北谷町宮城2-220-2F 電話 098-936-5076 營業時間 午餐11:00～16:00，晚餐17:00～23:30 公休日 無 鄰近公車站 北谷宮城郵便局前 停車場 無(附近可路邊停車)

專業咖啡

文青小店

那霸市 MAP／P.122

あぐろ焙煎 珈琲店
（AGURO烘焙咖啡）

自家烘焙的專業咖啡館

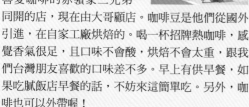

喜愛咖啡的赤嶺家三兄弟一同開的店，現在由大哥顧店。咖啡豆是他們從國外引進，在自家工廠烘焙的。喝一杯招牌熱咖啡，感覺香氣很足，且口味不會酸，烘焙不會太重，跟我們台灣朋友喜歡的口味差不多。早上有供早餐，如果吃膩飯店早餐的話，不妨來這簡單吃。另外，咖啡也可以外帶喔！

MAPCODE 33 156 542*77

地址 沖繩縣那霸市久米2-24-12 電話 098-862-1995 營業時間 週一～週五09:00～17:00，週六、週日10:00～17:00 公休日 週日 鄰近公車站 旭橋駅前(バス) 停車場 無

中部 MAP／P.116

私房推薦

VONGO & ANCHOR

可以悠閒看海的的麵包咖啡

沖繩知名咖啡店ZHYVAGO的最新分店，戶外位置可以直接看到美麗的海景。除了提供手工咖啡之外，還有不定時出爐的美味麵包，當然你也可以來個美式全日早餐，是個旅行中可以好好放鬆休息的好地方。

MAPCODE 33 525 349*12

地址 沖繩縣北谷町美浜9-49 電話 090-988-5757 營業時間 09:00～22:00 公休日 無 鄰近公車站 美榮橋 停車場 無

北部 MAP／P.110

私房推薦

しまドーナッツ

沖繩北部的美味多拿滋

由老屋改建的小小多拿滋店，用島豆腐的豆腐渣跟豆乳，結合在地食材，以烘烤方式製成，好吃又健康，深受在地居民喜愛。除了沖繩紫薯、香蕉、花生、肉桂等約10種經典口味之外，還有一種天天更換的特別口味。以外帶為主，但也有兩桌內用座位，停車場距離稍遠，第一次去可能要找一下。

MAPCODE 485 360 584*83

地址 沖繩縣名護市伊差川270 電話 098-054-0089 營業時間 11:00～15:00 公休日 國定假日 鄰近公車站 伊差川 停車場 有

南部 MAP／P.130

山の茶屋・樂水
（山的茶屋 樂水）

濱邊茶屋的姊妹店

與濱邊茶屋出自同一集團，也是一間可以邊欣賞美麗海景，邊享受悠閒氣氛的咖啡店。坐落在一個小山丘上，所以可以看到較遠的景色。餐點除了茶、咖啡、果汁等飲品之外，還有提供正餐定食、及飯後甜點。座位比較多，如果濱邊茶屋客滿，可以來這邊看看。

MAPCODE 232 469 638

地址 沖繩縣南城市玉城19-1 電話 098-948-1227 營業時間 11:00～18:00 公休日 週四 鄰近公車站 玉城 停車場 有

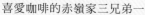

冰品美酒

夏季天氣熱的時候，戶外溫度可能來到35、6度，所幸沖繩的冰店很多，很熱的時候來個消暑冰品，好好涼快一下。

剉冰

跟台灣傳統剉冰很類似的庶民冰品，炎熱夏天必備，吃下去非常消暑。

丸三冷物店 (詳見P.133)
鶴龜堂 (詳見P.123)
屋宜家 (詳見P.135)

BLUE SEAL冰淇淋 ブルーシール

來自沖繩的冰淇淋品牌，在沖繩四處可見其分店。

Orion 啤酒

以3顆星星為logo，紅透全日本的沖繩在地啤酒。口味較日本啤酒淡，喝起來十分順口，適合炎熱的沖繩天氣。

泡盛

以米為原料的蒸餾酒，類似日本燒酎。標準酒度為30%，氣味濃烈，酒量不好者，可能聞到就要醉了。

用餐須知

不另收服務費

大部分的沖繩餐廳，並沒有另收服務費，不過要看清楚菜單上的價格，是否已經有內含消費稅。

叫服務生

在店家用餐時，如果店內比較忙，服務生不一定會常常來巡視。這時候可以大喊「すみません」，服務生就會過來，而不需要站起來叫人。

居酒屋點飲料

雖然說沒有明文規定居酒屋一定要點飲料，但畢竟居酒屋還是以酒水為主力商品，所以就算不喝酒，也點一杯飲料，會比較禮貌。

吃不完可以外帶

在沖繩，如果是方便打包的餐點，要是吃不完是可以外帶的。所以如果一時點太多沒吃完，可以問店家看看，是否可以外帶喔！當然像是拉麵這種不方便打包的食物，就沒辦法了。

藥妝店

11 ドラッグイレブン

沖繩最多分店的藥妝店，如果路上看到，臨時需要買藥品，就找找附近分店吧！

分店資訊：goo.gl/lEVrf3

貨比三家不吃虧

酒雄提醒 各家藥妝店價格差異頗大，就算同一系列的店家，也不一定價格都一樣。且也不是有免稅就一定會比較便宜，還是要看商品的售價。因此建議大家還是貨比三家，比較保險。

松本清 マツモトキヨシ

以多種類開架化妝品而聞名的藥妝店，東西品項會比較流行一些，如果要跟日本本土接軌，這會是好選擇。

分店資訊：www.san-a.co.jp/matsumotokiyoshi

大黑 ダイコクドラッグ

以價格低廉著名的藥妝店，如果找藥品，先來大黑準沒錯。但要注意，熱賣商品可能會限制一人只買一件，請務必注意喔。

分店資訊：goo.gl/hpaxvv

超市、傳統市場

超市

不同於本島超市很早關門，沖繩的超市營業時間大多是到晚上12點，所以就算時間玩到很晚，也還有超市可以買東西。

3A サンエー

沖繩最主要也最多間的超市，是沖繩在地品牌。各分店名稱上如果有「v21」字樣的話，就是純超市，如果有「シティ」字樣的話，則是有其他商店開在一起的購物中心。

分店資訊：
goo.gl/T3W5cx

金秀 かねひで

也是走平價路線的在地超市，各地分店都很多。

分店資訊：kanehideshj.com/shoplist.php

MAXVALUE マックスバリュ
BIG ザ ビッグ

日本本土也常見到的Aeon集團旗下超市品牌，「BIG」會比較大間，連土產、紀念品都有，酒類比較齊全，「MAXVALUE」則是一般超市的規模。

分店資訊：www.aeon-ryukyu.jp/store

UNION ユニオン

以價格便宜聞名的超市，只在中南部，店的規模通常沒有很大，但商品品項卻意外地多。

分店資訊：www.nodake.co.jp/storelist.html

傳統市場、漁港市場

跟我們菜市場比較類似，什麼都有賣的市場，就只有牧志公設市場一個。沖繩大小漁港很多，幾乎漁港都會有賣漁獲的店家，以及可以用餐的食堂。

牧志公設市場(詳見P.129)
海人食堂(詳見P.78)
PA-YA-O直賣店(詳見P.78)

超商

　　「LAWSON」跟「FamilyMart」是在日本本土很常見的超商，沖繩也開了不少店，他們這兩家櫃檯剛好都有賣炸雞，口味都還不錯，如果臨時肚子餓，也可以考慮在便利商店解決。另一個

LAWSON

「COCO」則是沖繩在地品牌，COCO尤以熟食便當為賣點，價格都很便宜。如果你是小資旅行者，記得一定要跟COCO當好朋友。

COCO賣的飯糰早餐，只要163円

COCO

FamilyMart

購物中心、大型商場

AEON イオン

　　從日本本土來的大型購物中心品牌，不管是流行服飾、電器用品、或是日常用品，應有盡有。

分店資訊：www.aeon-ryukyu.jp/store

T Galleria免稅店

　　以國際精品、化妝品、名牌為主的免稅店，品項要比機場免稅店豐富許多。

驚安殿堂 唐吉訶德 ドン キホーテ

　　什麼都賣的大型購物商場，幾乎都是營業到凌晨，或甚至24小時營業。所以不管多晚，都還有地方可以逛。

分店資訊：www.donki.com/search/shop_list.php?pref=48

如何免稅

日本目前正在積極推行「Tax Free」的制度，就是針對購買一定金額以上的外國人，可以免除消費稅，但所有免稅購買的物品都需要帶離日本才可以拆封。如果有看到「Tax Free Shop」的標誌，就知道這家店有提供免稅。

Japan. Tax-free Shop

Tax Free Shop的標誌

如何辦理免稅手續

各店家處理免稅的方式不一定相同，但大致分成2種方式，如下說明：

直接以免稅價格購買Step by Step

對象：通常是樂妝店、土產店等獨立商店或商場中的特定櫃位。

 Step **結帳時出示護照，直接以免稅價格購買產品**

 Step **簽名並貼在護照上**

在「購入記錄票」上簽名後，店員會把它貼在護照上，並蓋上小紅章。

 Step **出境時繳回「購入記錄票」**

到免稅櫃檯辦理退稅Step by Step

對象：通常是百貨公司大型商場所採用的方式，可合併不同專櫃的金額計算。

 Step **拿取收據，並前往免稅櫃檯**

結帳時記得拿取收據(レシート)，合計購買金額達免稅金額時前往免稅櫃檯。

 Step **出示護照、收據、消費時使用之信用卡**

在免稅櫃檯出示護照、收據，如果用刷卡付帳時，還需要出示該信用卡。

 Step **在「購入記錄票」簽名**

在免稅櫃檯「購入記錄票」上簽名後，店員會把它貼在護照上，並退還消費稅部分金額。(有些商家會收取手續費)

 Step **出境時繳回「購入記錄票」**

免稅對象商品

分類	一般商品	消耗品
內容	服飾、鞋子、皮包、家電、相機、鐘錶等非消耗品的商品	食品、飲料、化妝品、藥品、日常用品等
免稅購物金額	一天之內合計金額在5,401円以上(含稅)	一天之內合計金額在5,401円以上(含稅)
注意事項	需在入境後6個月之內攜出日本	需在入境後30天之內攜出日本

註：資訊時有異動，請以官方公布的最新資料為主

國際通攻略

國際通長達1.6公里，匯集了各式各樣的商店，也是沖繩人潮最密集的地方，素有「奇蹟的一英哩」之稱。不管是第幾次來沖繩，只要想買些有趣的商品、紀念品，這裡還是很好逛的。商家大致分為幾大類，如下所示。

縣廳前站

神戸BAR 仲々 📷

スチームダイニング しまぶた屋
蒸料理島豚屋

ズートンズ
zooton's

T-SHIRT-YA.COM

ちゅら玉

kukuru loco

わしたショップ

うみちゅらら
umichurara ① ⑬

ゆうなんぎい
黃槿木

KID
HOUSE

② ⑮

古酒家
⑭ ⑨

⑫
③ ④

銀通

國際通

塩屋
⑪

海想

おきなわ屋

⑮

海人 ⑦ ⑮ おきなわ屋
⑩

SPLUSH

⑪ 塩屋

ちゅら玉 ④

縣廳

消防署通

浮島通

ちゅら玉
④

琉球ぴらす 📷
琉球PIRAS

雜貨

① umichurara うみちゅらら
美麗海水族館周邊商品專賣店。

② kukuru loco
以各式稀有石頭、寶石為主的飾品店。

③ 海想　以自然與海洋為主題的雜貨店。

④ ちゅら玉　販售玻璃藝術品的飾品專賣店

⑤ kukuru
沖繩在地的服飾、雜貨品牌，是以年輕人為主要族群。

⑥ JUMP SHOP　日本動漫作品的周邊商店。

服飾

⑦ 海人
以有趣的標語、沖繩在地印象為主題的T恤店

⑧ MANGO HOUSE
專賣嘉利吉襯衫的服飾店

⑨ T-SHIRT-YA.COM
沖繩在地人設計的T恤品牌。

⑩ SPLUSH
以可以穿去海灘的年輕人服飾為主，也有很多雜貨。

ライラ 舞台 地料理
萊拉舞台餐廳

ちんだみ
CHIN-DA-MI三線店

暖暮 拉麵

ダイコクドラッグ
大黑藥妝店

MANGO HOUSE

沖映通

海人 ❼   古酒家 ❶❹

kukuru ❺
JUMP SHOP ❻   ❽ ❸

STARBUCKS

海想

國際通

❹ ちゅら玉   ❽   海人 ❼   ❹ ちゅら玉

MANGO HOUSE

ダイコクドラッグ
大黑藥妝店

ドン・キホーテ
驚安殿堂 唐吉軻德

❸
海想

市場本通

まんまるカフェ
圓圓咖啡那霸店

高良レコード店
高良唱片行

牧志站

民謠酒場昭和村

平和通

牧志公設市場

土產

❶❶ 塩屋 以鹽為主題的商店，
販售各種特殊的鹽。
❶❷ KID HOUSE
土產專賣店之一。
❶❸ わしたショップ
土產專賣店之一。
❶❹ 古酒家
以泡盛等沖繩的酒為主的商店。
❶❺ おきなわ屋
土產專賣店之一。

文青散步攻略

浮島通、櫻坂通、牧志市場 周邊文青散步路線

新天堂通

9 元祖大東そば
元祖大東沖繩麵

8 まぜ麺マホロバ
MAHOROBA拌麵

國際通

市場周邊美食

① 牧志公設市場
請注意：原先市場大樓正進行為期3年的整修，於2019/7/1起移至此位置營業。預計於2022/3/31移回。

② ポークたまごおにぎり本店(豬肉蛋飯團本店)
從開店到中午，排隊人潮不曾間斷的超人氣早餐店，手工現做飯團非常有沖繩在地的味道。

③ C&C BREAKFAST
夏威夷風早午餐店，雖位於市場周邊，精緻的餐點讓人想起威基海灘的沁涼海風。

④ パーラー熱風アジア(parlor熱風ASIA)
小小的果汁吧攤位，提供各種以沖繩在地水果調配成的美味果汁，不加一滴水的濃純享受。

⑤ 浮島ガーデン(浮島GARDEN)
沖繩難得一見的純素食餐廳，餐點走西式與和式融合的創意風，裝潢別出心裁，氣氛相當好。

⑥ MAHOU COFFEE
靜巷裡的美味咖啡館，略帶復古風的內裝。(請注意：不接待12歲以下孩童)

⑦ 自然食とおやつmana(自然食與點心MANA)
以麵包、手工餅乾、司康為主，午餐為健康取向的創意料理，很適合感受島嶼的在地風味。

⑧ まぜ マホロバ(MAHOROBA拌麵)
酒雄心中最好吃的乾拌拉麵，一定要記得加點起司，拌起來的口味真是一絕。

⑨ 元祖大東そば(元祖大東沖繩麵)
來自離島大東島的沖繩麵店，有許多人慕名專程來吃。美味又平價，值得吃一次看看。

ポークたまごおにぎり本店
豬肉蛋飯團本店 **2**

10 TONCATI

C&C BREAKFAS 3

17 津覇商店

1 牧志公設市場

11 琉球ぴらす
琉球PIRAS

13 MIMURI

12 ANSHARE PROJECT

5 浮島ガーデン
浮島GARDEN

18 miyagiya

文青創意小店

⑩ TONCATI
利用廢棄木材製成各種雜貨小物，混搭風格讓人愛不釋手，也可為客人訂製家具。

⑪ 琉球ぴらす(琉球PIRAS)
店家理念是希望大家能在生活中感覺到「沖繩」的存在，聯合在地藝術家設計服飾、雜貨，非常值得一逛。

⑫ ANSHARE PROJECT
古宅改建而成的手工皮件專賣店，材質多為小牛皮，有相機帶、公事包、皮包等，顏色選擇也很豐富！

⑬ MIMURI
由一位出身於石垣島的畫家「MIMURI」所經營，店內商品都是出自她的手繪，她的創作理念是「把沖繩帶著走」。

⑭「ウララ」(URARA)
人來人往的市場裡，有一間小小的二手書店，擺放的書籍述說著沖繩的過去與現在。

⑮ FUJISAN FACTORY STORE
正如其名「FACTORY」，這裡不只是商店，也是一個工廠。店裡所有的衣服都是在這裡手工製作，每一件都是獨一無二的作品。

⑯ 琉球玩具ロードワークス(琉球玩具ROADWORKS)
沖繩傳統玩具「張子」專賣店承襲過去的技法也創作出各式各樣有趣的人物。

⑰ 津覇商店
專營日本各地雜貨的陶瓷器、餐具專賣店，鯨鯊盤子大受歡迎。價格公道，產品齊全，可以來這挖寶哦！

⑱ miyagiya
介紹沖繩陶器、沖繩作家手作的器皿、雜貨、飾品、服飾為主的選物商店，希望把沖繩的美好，介紹給全世界。

FUJISAN FACTORY STORE ⑮

櫻坂通

市場本通

⑭「ウララ」
URARA

⑯
琉球玩具ロードワークス
琉球玩具ROADWORKS

❹ パーラー熱風アジア
parlor熱風ASIA

浮島通

MAHOU COFFEE
❻

❼ 自然食とおやつmana
自然食與點心MANA

梯子酒攻略

跟好朋友來沖繩喝梯子酒吧！

什麼是梯子酒？

　　日本人常會跟朋友一起喝梯子酒(はしご酒)，意指到一個有多家居酒屋的區域，像爬梯子似的一家喝過一家，通常一晚會喝3家以上。沖繩有幾個區域很適合梯子酒，本書以牧志市場周邊、榮町市場周邊為例，帶大家喝個梯子酒吧！

　原牧志市場

臨時牧志市場

パーラー小やじ　Verona
ねま屋　　まいすく家
　　　　　肉バル 透

浮島通

ねま屋

主打平價沖繩家常味

　　以沖繩食堂常見的料理為主的居酒屋，搭配一些小菜跟可以吃得飽的餐點，口味偏家庭式，價位普遍便宜，吸引很多在地人，甚至有常客幾乎天天上門，當作自家廚房。

招牌料理：**あちち豆腐(熱熱豆腐)**
類似大阪燒，但底下為豆腐，上面鋪柴魚，加上美乃滋跟芥末，一上桌就要趁熱吃。

電話 098-863-3522 營業時間 10:00～22:00 公休 不定休

牧志市場周邊

Verona
用親切價格就能喝到飽

　　1,000日幣起(女生900日幣)就能喝到飽，只要3杯啤酒，就比任何一間居酒屋都便宜。

招牌料理：**酒類喝到飽**
提供生啤酒、調酒、泡盛、紅白酒、甚至蛇酒的DIY自助酒吧，愛酒人士不可錯過。

電話 080-3228-1653 營業時間 12:00～24:00 公休 無

まいすく家
關東煮與涮涮鍋的暖胃料理

　　以木造裝潢為主視覺的居酒屋，餐點以關東煮(おでん)為主，以及一些沖繩料理，若想吃得更飽，還有阿古豬的涮涮鍋。才下午就可以看到很多觀光客來此喝酒，改天我也想從下午就開喝呢！

招牌料理：**關東煮盛合(おでんの盛り合わせ)**
盛合裡有豬腳，如果不喜歡，可以請店家不要放。其他有蔬菜、香腸、竹輪、蒟蒻等等，口味雖偏清淡，但都很入味。

電話 098-943-0415 營業時間 15:00～23:00 公休 週日

パーラー小やじ

復古裝潢的人氣店家

　　一開門就準備客滿的超人氣店家，裝潢復古，吸引不少女性客人和外國遊客來消費。以店長創作的「一品料理」跟一般居酒屋常見菜色為主，每一樣料理都很好吃哦！

招牌料理：**牛もつ煮込み(滷牛下水)**

以味噌為基底的醬汁滷過的牛下水，口味高雅，沒有任何腥臭味，可單吃或配酒。

電話 098-860-8668 營業時間 15:00～21:30 公休 不定休

肉バル 透

本味肉舖令人垂涎欲滴

　　由肉舖直營的居酒屋，其特色當然是平價美味的各種肉料理了！漢堡排、牛排、燒賣、豬腳，各式各樣的肉料理應有盡有，真是肉食族的天堂啊！

招牌料理：**牛ロース(里肌牛排)**

不需要特別指定熟度，就會自動把鮮味十足、口感軟嫩的牛排送上桌。

電話 098-863-2087 營業時間 16:00～23:00 公休 不定休

榮町市場周邊

野菜の酒場 クサワケ　大道通　栄町ボトルネック　全色本店(フルカラー)　おでん東大　M 單軌安里車站　琉寶超市　新小屋

おでん東大

老字號關東煮

　　在沖繩一年四季都會吃關東煮。東大是關東煮老店，每天從開店前就有人在排隊，由此可見其高人氣。因為出餐不快，建議一開始就要把想吃的料理一口氣點好，不然加點可能要等到天荒地老。

招牌料理：**焼きてびち(烤豬腳)**

從點餐到上菜約需要1小時的烤豬腳，就是東大的招牌，外表酥脆，裡面滿滿膠質，不會膩口，而是停不了口。

電話 098-884-6130 營業時間 21:30左右～翌日04:00 公休 週日、週一、國定假日

野菜の酒場 クサワケ
蔬菜與肉的Juicy美味

在沖繩非常稀有的蔬菜料理居酒屋，並非素食，而是以蔬菜為主角，再搭配各種肉類的料理。有很多超越原先想像的厲害料理，對老饕來說很有吸引力。

招牌料理：**名物ロールキャベツ(招牌高麗菜捲)**

搭配番茄醬汁的高麗菜肉捲，肉汁豐富，咬下去鮮味十足，可說是鎮店之寶！

電話 098-914-4129 營業時間 15:00～24:00 公休 不定期

新小屋
飄香豬串燒與鮮甜肉拼盤

可以吃到多種豬內臟串燒，一開店就迅速客滿，若想品嘗美味，建議一定要早點去。

招牌料理：**シャルキュトリ(肉品拼盤)**

由火腿、生火腿、香腸、肉糜組成的拼盤，充分享受到肉的鮮味，好吃又很好拍照。

電話 098-882-3034 營業時間 18:00～翌日01:00 公休 不定期

全色本店(フルカラー)
面面俱到的多元下酒菜

以串燒為主要餐點，同時也提供非常多其他選擇的居酒屋，從沖繩料理、炸物到麻婆豆腐、法式吐司，想吃什麼幾乎都有，滿足多元化需求的好店。

招牌料理：**つくね(雞絞肉棒)**

濃郁的雞絞肉搭配清爽的青椒(加100日幣)，可謂絕配口味！

電話 098-887-3224 營業時間 17:00～翌日01:00 公休 不定期

栄町ボトルネック
夜飲泡盛的首選之地

開店19年，為榮町市場居酒屋的先驅之一，帶動了此地夜飲的文化。挑選了許多泡盛，是了解沖繩飲酒文化的好地方。除了小菜之外，還提供多種罐頭讓大家下酒。

招牌料理：**沖縄そば(沖繩麵)**

上桌時只有麵跟料，要自己倒入店家精心製作的高湯，這才完成一碗道地的沖繩麵。

電話 098-884-6640 營業時間 17:00～24:00 公休 不定期

必買攻略

紀念品

沖繩獅子
(シーサー)

過去沖繩人家家戶戶的屋頂上或前門上會擺上獅子，用來趨吉避凶。到了現在仍有許多人擺設在家中，也有很多藝術家設計出了各種形象的獅子，一看到獅子，就會想到沖繩，還有什麼比這更好的紀念品呢？

哪裡買
各大土產店、國際通

陶藝杯盤
(やちむん)

沖繩燒陶的歷史悠久，可以回溯到12、13世紀，當時是製作屋頂用的瓦片。現在除了有象徵傳統的壺屋燒之外，也有很多年輕藝術家投入創作行列。

哪裡買
COCOCO (詳見P.134)
Yacchi&moon (詳見P.131)
陶藝咖啡 茶太郎 (詳見P.131)

美麗海水族館周邊商品

美麗海水族最受歡迎的海洋生物，變成可愛的周邊商品登場，喜愛動物的朋友不要錯過了。

哪裡買
國際通わしたショップ2樓 美麗海水族館商店、美麗海水族館

Orion啤酒周邊商品

沖繩人最愛的啤酒，也有推出許多周邊商品，是代表沖繩的Logo之一。

哪裡買
各大土產店、國際通、Orion名護工廠

「沖繩世界琉球王國村」
有吹玻璃的體驗課程

琉球玻璃
(琉球ガラス)

豐富而鮮豔的色彩即是琉球玻璃
的特色，每一件都是職人手工吹
出的作品，以杯盤、花器為主。

哪裡買
各大土產店、國際通

三線

一彈奏起三線，可以把我們從繁
忙的生活之中，一秒帶回沖繩。

哪裡買
ASOVIVA (詳見P.123)
CHIN DA MI (詳見P.129)

紅型

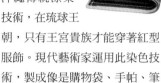

沖繩傳統漂染
技術，在琉球王
朝，只有王宮貴族才能穿著紅型
服飾。現代藝術家運用此染色技
術，製成像是購物袋、手帕、筆
袋等生活相關產品，讓更多人可
以接觸這項傳統工藝。

哪裡買
紅型TIDAMOON (詳見P.135)
琉球PIRAS (詳見P.128)

特色土產

泡盛辣椒
(島とうがらし)

把小辣椒浸泡到
泡盛當中，是沖
繩人吃湯麵時常
常加的辣醬。

哪裡買
各大超市、國
際通、各大土
產店

泡盛

口味濃烈的沖繩泡盛，
對於愛好飲酒的長輩朋
友，說不定會是樣不錯
的禮物。

哪裡買
各大土產店、國際通

金楚糕

(ちんすこう)

沖繩人從小吃到大的零食,現在有研發出多種口味,除了可以買傳統口味之外,尤以雪塩口味的最受歡迎。另外圓圓咖啡所製作的一口金楚糕也很受女生歡迎。

哪裡買
各大土產店、國際通、圓圓咖啡

黑糖

黑糖是沖繩特產之一,有塊狀、粉末、薑糖等各種形式可選購。

哪裡買
各大土產店、各大超市、國際通、牧志市場

鹽

四面環海的沖繩,海鹽也是這裡的特產之一,可以買到沖繩各海域的海鹽,尤以宮古島的「雪塩」最為有名。也可在鹽專賣店「塩屋」買各種特殊的調味鹽。

哪裡買
各大土產店、各大超市、國際通、塩屋

指指點點日文

中文		日文		常用會話			
好用單字	早餐	朝食		請給我菜單。	メニューをください。	持ち帰りです。	
	午餐	ランチ		請幫我結帳。	会計をお願いします。	有大一號的尺寸嗎?	もっと大きいサイズはありますか。
	晚餐	夕食					
	水	お水		請問有素食餐點嗎?	ベジタリアンメニューはありますか。	有新的嗎?	新品はありますか。
	咖啡	コーヒー				有免稅嗎?	免税はありますか
	冰的	アイス		我要去冰。	氷抜きで。	我要刷卡。	カードで。
	熱的	ホット					
	菜單	メニュー		請問廁所在哪裡?	トイレはどこですか。		
	濕毛巾、濕紙巾	おしぼり					
	茶	お茶		我要這裡用。	ここで食べます。		
	素食	ベジタリアン					
	生魚片	さしみ		我要外帶。			
	湯匙	スプーン					
	吸管	ストロー					
	筷子	お箸					

Okinawa

Sightseeing

玩 樂 篇

在沖繩，
有哪些好玩的景點與活動？

潛水、搭船出海、兜風、看夕陽、觀星、享受美食，沖繩的旅遊活動往往跟大自然以及海有關係。有多元文化、有美景、有音樂、有藝術，小小的沖繩，融合了很多豐富的元素，就等大家來探索囉！

全景點地圖
QR code

全景點地圖 goo.gl/ZRUaee

沖繩5大魅力

還沒去過沖繩的朋友，或許會以為沖繩就只是眾多海島中的一個，就是去玩水的地方。確實沖繩的海非常美，景色十分宜人，但我覺得沖繩吸引人的地方，也在於其文化的豐富性，以及島民樂天好客的個性。沖繩的迷人之處不勝枚舉，姑且讓我用沖繩的5大魅力來說明！

1 沖繩的碧海藍天

不少人初次到訪沖繩，就是為了那片美得不像話的蔚藍海洋。不管是來浮潛、深潛、玩香蕉船、搭遊艇出海或登陸無人島。沖繩這海水的透明度，深深吸引著旅人，不只會來一次，常常是年年造訪，無可救藥地愛上沖繩。

沙灘與水上活動

沖繩有許多美麗的沙灘，尤其是北部或離島的沙灘，因為較沒有人為的破壞，保留著更多的天然珊瑚。多處沙灘都是走到海邊，就能看到珊瑚，穿上裝備下去浮潛，就能瞧見悠游的魚。若是跟三五好友一起，不妨試試刺激的水上活動，為夏天留下美好的回憶。就算不玩水，也可以到美麗的沙灘踩踩水、踏踏沙、曬曬太陽，給自己一個片刻，好好感受這片美海帶給我們的悸動。

海底世界的奧妙(潛水體驗)

沖繩海域一直都是世界各地潛水愛好的聖地之一，特別是慶良間群島的海，更是有著「慶良間藍」的美譽，說明著此地的海色，有著世界上獨一無二的個性。沖繩人認為海洋是他們生命最大的禮讚，因此總是致力於維持海域的乾淨與生態的完整性，所以不擅自餵魚，不過度開發，我想這就是這裡能保持美麗的最大原因。

海邊咖啡館的悠閒時光

如果我有一個下午的空閒，我願意找一間海邊的咖啡館，就望著這片美麗的海洋發呆，最奢侈的花費旅遊時間的方式，其實也莫過於此。尋找一個自己最愛的景致，或許是再來一趟沖繩的好理由。

2 琉球王國的文化傳承

有著450年歷史的琉球王國，確確實實地在這片土地上，留下了足跡。除了有王國的城池遺跡之外，此地的音樂、舞蹈、風土、飲食，在在提醒了我們，這裡擁有著獨特的文化，而這些文化仍然非常耀眼而迷人。

琉球王國的世界文化遺產

除了經過完整修建的首里城之外，沖繩另外還有許多琉球王國所留下的遺跡。造訪這些遺跡，不管是欣賞雄偉的建築，或學習王國的歷史，都是很適合的地方。

可聽三線表演的居酒屋

琉球這片土地留給子孫的其中一個最美的禮物，我想就是三線這個迷人的樂器。沖繩小學的音樂課，不像我們學直笛而是學彈三線。雖然長大後他們並不一定還會彈，但每當聽到熟悉的三線樂曲，血液裡的音符總會記得搖擺他們的身體。沖繩有很多可以欣賞三線表演的居酒屋，我們可以一邊享用琉球料理，一邊跟著島民一起手舞足蹈。

震撼的琉球太鼓-EISA

沖繩有個傳統的EISA太鼓表演，本來是用來祭祖的傳統藝能。其特色是會做出近似武打的動作，展現俐落的身手來打鼓，氣勢磅礡，十分震撼。尤其如果有機會看到大編制的演出，大家動作一致、整齊劃一，令我看了是熱血沸騰，真可以說是力與美的完美結合。

沖繩美食吃不停

沖繩麵、炒山苦瓜、滷豬腳、水雲醋、海葡萄、炸魚，這些看起來有點像台菜但卻又有獨自特色的料理，也是我們到沖繩旅行的一大重點。尤其如果可以在琉球古民家中用餐，更是別有一番風味。還有豐富的食材如龍蝦、海膽、生魚片、阿古豬或石垣牛，每樣都令人難忘。當然沖繩在地的ORION啤酒也不可錯過。

美軍屯駐在沖繩，已經有相當多年的歷史，所以這些美國士兵及他們的家屬也都來到沖繩居住，為了迎合他們生活的需求，有許多美國商店，店員都會說英文，以美國村為最大宗。不僅僅是迎合美國人的需求，他們也帶入了許多西方文化，不管在服飾、用品及飲食方面上，且不只來自美國，像是墨西哥、夏威夷、泰國等，我們都能在沖繩看見這些國家的元素。

異國美食大集合

不管是豪邁的美式火烤大漢堡、牛排，或是夏威夷正夯的pancake鬆餅，還是南洋風味十足的香料咖哩，亦或是改良過後的墨西哥塔可飯，我們在沖繩可以隨時找到自己想吃的異國美食，彷如國界不存在一樣。

彷如置身美國的商業區

位於北古的美濱美國村(美浜アメリカンビレッジ)，就是由多個購物中心，結合飯店及海灘所組成的商圈，主要是提供給美軍假日休閒及購物的地方，近年來也變成了觀光客必訪的景點之一。這邊的店員幾乎都會說英文，且提供了道地的美國食物以及商品。

a&w漢堡

📧 www.awok.co.jp/shopsearch

來自美國的連鎖漢堡店，在沖繩有25家分店，招牌是漢堡以及喝起來很像沙士的碳酸飲料「root bear」，不知道要吃什麼的話，a&w會是一個好選擇。

主要分店資訊

名護店
MAPCODE **206 598 041** 地址 名護市東江5-16-12
電話 0980-52-4909 營業時間 24H

美浜店
MAPCODE **33 526 640** 地址 北谷町美浜2-5-5
電話 098-936-9005 營業時間 08:00〜隔日01:00

牧港店
MAPCODE **33 342 468** 地址 浦添市牧港4-9-1
電話 098-876-6081 營業時間 24H

4 其實也是日本的沖繩

雖說沖繩有著跟日本很多不一樣的面貌，但不管怎樣，這裡還是日本的一部分，所以很多我們期望在日本能體驗到的事情，還是能在沖繩體驗到的。像是日本的便利商店、藥妝店、電器用品、連鎖餐飲店等等，日本有的，沖繩也不會沒有。可以說，沖繩就是離我們最近的「日本」了。

拉麵A級戰區

光是國際通附近就有超過20間日本拉麵店(不包括沖繩麵店)，有些在日本已經很有名氣，有些則是在沖繩的新創品牌。但不管如何，拉麵店已經融入沖繩的日常生活，口味也都有一定的水準。

日本有的這裡也有

藥妝店的松本清(マツモトキヨシ)、大黑(ダイコク)；便利商店的LAWSON、全家(唯獨缺了7-11)；連鎖餐廳的すき家、吉野家、丸龜製麵、麥當勞、肯德基、儂特利；連鎖咖啡店的TULLY'S、STARBUCKS；購物中心的AEON、驚安殿堂(ドン キホーテ)、嬰兒用品的西松屋；電器

用品店的YAMADA、KOJIMA等等，這些在日本常看到的店家，在沖繩也是有的。所以如果把沖繩當成「補貨」的地方，我想也是一個好選擇！

實現夢想的移居地

近來有越來越多的日本人，移居沖繩來實現夢想，有許多人是為了小朋友的教育，或想靠自己的手藝闖出名堂，又或者是厭倦了都市繁忙的生活。他們搬到沖繩，可能開一家麵包店、陶藝工房或是咖啡館，享受著人生的另一種可能。他們的加入，也為沖繩注入了不一樣的元素，讓這個小島更加精采。

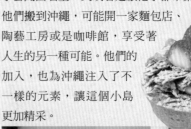

5 文創力量無限大的沖繩

　　有著得天獨厚的美麗海洋，跟許多沒有過度開發的原始景色，孕育出許多有著獨特眼光的藝術創作者。像是傳統工藝的紅型、琉球玻璃、陶藝，或把他們的技術或圖騰也用來製作T恤、雜貨、文具等等。沖繩獨特的品牌、獨特的工藝品，這都是最適合帶回家的旅行紀念品。

充滿個性的陶藝家作品

　　那霸市區有個陶藝品店匯集的「壺屋通」(壺屋やちむん通り)，讀谷村也有個「陶藝之里」(やちむんの里)，或者也可以拜訪散落在沖繩各地的沖繩陶藝家工房。不管是買獅子(シーサー)陶藝品，或想買個杯盤、茶壺，都可以到這些地方尋寶喔！

藝術家們設計的特色商品

　　沖繩在地的藝術家，常常會設計出很可愛的圖騰、花樣，並把這些製成T恤、襯衫、錢包或手巾。或許價格會比較高一些，但穿戴出門，肯定不會跟別人一樣的。

沖繩推薦行程

初訪沖繩的推薦行程(四天)

DAY 1

(租車) → 牧志公設市場吃午餐 → 首里城 →
金城石疊道 → 港川外人住宅區 → oHacorte吃甜點 →
國際通逛街 → 三線居酒屋晚餐 → 住宿 **那霸**

DAY 2

(租車) → 嘉手納休息站看飛機 → TRANSIT CAFÉ午餐
→ 殘波岬燈塔 → 陶藝之里 → 鶴龜堂冰店 → 三矢本舖吃沙翁
→ 萬座毛看夕陽 → 滿味燒肉晚餐 → 住宿 **名護**

DAY 3

(租車) → 古宇利海灘玩水 → OCEAN TOWER →
岸本食堂吃沖繩麵 → 沖繩美海水族館 →
許田休息站買土產 → 泡瀨漁港吃生魚片、炸魚 →
AEON MALL買東西 → 住宿 **那霸**

DAY 4

(租車) → 知念岬公園 → 薑黃花咖啡午餐 →
沖繩世界文化王國 → RESORT CAFÉ KAI下午茶 →
那霸機場 → 返回台灣

沖繩約會的推薦行程(四天)

DAY 1

(租車) → COCOCO工房獅子製作體驗 →
CAFÉ YA-BU-SA-CHI吃午餐 → 濱邊茶屋看海發呆 →
丸三冷物店吃冰 → 神戶BAR仲仲吃石垣牛晚餐 → 住宿 **那霸**

DAY 2

(租車) → 魔法咖啡 → 港川外人住宅區逛街 → PLOUGHMAN'S
LUNCH BAKERY午餐 → 布聖納海中公園 → 萬座毛 →
長堂屋阿古豬涮涮鍋晚餐 → 住宿 **名護**

DAY 3

(租車) → 古宇利島心型石 → OCEAN TOWER花人逢午餐 →
沖繩美海水族館 → 美國村看夜景、逛街、吃晚餐 → 住宿 **北谷**

DAY 4

(租車) → 壺屋通逛陶藝小物 → 國際通逛街 →
RESORT CAFÉ KAI下午茶 → OUTLET ASHIBINA逛街 →
返回台灣

本島加離島的推薦行程(五天)

DAY 1

(租車) → 真壁喜納吃沖繩麵 → 山的茶屋樂水看海喝咖啡 →
安座真SUN SUN海灘玩水 → JACKY STEAK HOUSE →
住宿 **那霸**

DAY 2

(租車) → 港川外人住宅區 → 海人食堂午餐 →
沖繩美麗海水族館 → 美國村逛街、晚餐 → 住宿 **北谷町**

DAY 3

(島上交通) → 泊港 → 座間味島 → 古座間味海灘浮潛、玩水 →
高月山展望台看群島風景 → 神之濱展望台看夕陽 →
回村落晚餐 → 住宿 **座間味島**

DAY 4

(島上交通) → 前往阿嘉島 → 騎腳踏車 → 阿嘉中小學 →
北濱玩水 → 回那霸 → 國際通逛街、晚餐 → 住宿

DAY 5

(單軌電車) → 壺屋通逛街 → 首里城 → 金城石疊道 →
AEON那霸逛街買東西 → 那霸機場 → 返回台灣

ティーヌ浜
ti-nu海灘 (P.114)

古宇利島 (P.113)

しらさ食堂
si-ra-sa食堂 (P.77)

古宇利
オーシャンタワー
古宇利
ocean tower
(P.113)

海洋博公園(P.114)

STARBUCKS COFFEE
沖縄本部町店

美ら海水族館
美麗海水族館(P.114)

長浜ビーチ
長濱海灘(P.114)

古宇利ビーチ
古宇利海灘(P.113)

きしもと食堂
岸本食堂(P.74)

花人逢(P.83)

長堂屋
(P.79)

CALiN
咖啡雜貨

本部港(渡久地地區)

きしもと食堂八重岳店
岸本食堂八重岳店(P.115)

リンゴカフェ
Ringo café

水納島
(P.116)

瀬底ビーチ
瀬底海灘(P.115)

瀬底島

CAFEハコニワ
CAFÉ 箱庭(P.115)

ととらべべ ハンバーガー
ToTo la Bebe漢堡(P.115)

しまドーナッツ

島豚七輪焼・満味
島豚七輪燒肉・満味
(P.117)

オリオンビール名護工場
Orion啤酒名護工廠(P.117)

名護灣

道の駅許田
許田公路休息站(P.116)

ブセナ海中公園
布聖納海中公園(P.113)

万座毛
萬座毛(P.117)

ぬーじ NUJI(P.116)

三矢本舗 恩納店(本店)
(P.117)

車えびレストラン球屋

古宇利島

盛產海膽的珊瑚礁島

是沖繩北部的珊瑚礁島，現架有古宇利大橋通往本島，屬於不需要搭船就能前往的離島。島上盛產海膽，夏季時很多饕客來此嘗鮮。雄偉的古宇利大橋全長2公里，行駛其上，會有在海上開車的錯覺，上橋前可先從一旁停車場走到橋下欣賞風光，有時會遇到當地小販，販售一些有特色的工藝品。

DATA

MAPCODE **485 692 266**
地址 沖繩県国頭郡今帰仁村古宇利 電話 0980-56-2101 營業時間 無 公休日 無 鄰近公車站 無 停車場 有

古宇利ビーチ(古宇利海灘)

大橋下的絕美沙灘

過大橋不久後左手邊，有個可以停車的小型休息站，這邊是通往古宇利海灘的入口。不但有賣玩水用品，另外還有名產、冰淇淋、簡單的熱食等。古宇利海灘是位於大橋下的淺沙灘，所以不論大人小孩都可以在這邊玩水，非常安全。也有租借遮陽傘、躺椅的地方。

DATA

MAPCODE **485 692 266**
地址 沖繩県国頭郡今帰仁村古宇利 電話 0980-56-2101 營業時間 無 公休日 無 鄰近公車站 無 停車場 有

古宇利オーシャンタワー(古宇利ocean tower)

一望古宇利島海景的瞭望塔

2013年5月開幕的展望塔，頂樓視野非常良好，可欣賞古宇利島與今歸仁一帶的美麗海景，還可與幸福鐘合照。另附設貝殼美術館，收藏許多稀有的美麗貝殼，展示區燈光優美，很適合情侶約會。裡面也有可看海的餐廳，不妨選在這邊用餐。

DATA

MAPCODE **485 693 513**
地址 沖繩県国頭郡今帰仁村古宇利538 電話 0980-56-1616 營業時間 09:00～18:00 公休日 無 門票 800／600／300 鄰近公車站 無 停車場 有

ブセナ海中公園(布聖納海中公園)

不潛水也能一窺海底的海中展望塔

布聖納度假區是個集合婚禮教堂、碼頭、飯店、海灘的度假區。其中的「海中展望塔」及「玻璃船」合稱為「布聖納海中公園」。「海中展望塔」是沖繩唯一一處不用潛水就可以欣賞海底風光的地方，也可以搭乘玻璃船到近海，欣賞魚跟珊瑚。

DATA

MAPCODE **206 442 074**
地址 沖繩県名護市字喜瀬1744-1 電話 0980-52-3379 營業時間 海中展望塔 4～10月09:00～18:00，11～3月09:00～17:30／玻璃船 4～10月09:10～17:30，11～3月09:10～17:00(每小時3班) 公休日 無 門票 海中展望塔 大人1,030、高中以上820、4歲以上520／玻璃船 大人1,540、高中以上1,230、4歲以上770／共通券 大人2,060、高中以上1,650、4歲以上1,030 鄰近公車站 ブセナリゾート前 停車場：有

ティーヌ浜(ti-nu海灘)

戀人必訪的愛心岩石

因人氣偶像團體「嵐」拍攝的電視廣告而一夕成名的海灘，廣告中出現的心型岩，儼然已經成為追星族必來的景點。雖然比古宇利海灘要來得小很多，但相對比較寧靜，夕陽也很美，很適合在這邊發呆，或是帶本小說來慢慢閱讀，奢侈地度過一個下午。

```
                                        DATA
MAPCODE 485 751 149
地址 沖縄県今帰仁村古宇利島(沿著島上主要道路
開，就會看到指標) 電話 無 公休日 無 鄰近公車站
無 停車場 有(收費)
```

長浜ビーチ(長濱海灘)

隱密性第一的美麗海灘

位於今歸仁村的隱密沙灘，其實在地人很常前往，但因為路很窄又沒有什麼標示，導航上也找不到，所以很少外地人知道。但只要搜尋附近的旅館「ホワイトロード in 長浜」就能找到了。這裡的白色沙灘非常美麗，常常是拍攝MV、廣告的地方。有廁所，所以不用擔心方便問題。

```
                                        DATA
MAPCODE 553 143 208
地址 沖縄県国頭郡今帰仁村今泊5110 電話 0980-
51-5060(附近旅館的電話) 公休日 無 門票 免費 鄰
近公車站 無 停車場 有
```

美ら海水族館(美麗海水族館)

超療癒的3隻鯨鯊奇景

初訪沖繩必去景點，是沖繩最受歡迎的景點之一，也是日本最大的水族館。最大的看點是大水槽「黑潮之海」裡飼養的3隻鯨鯊，以及該水族館成功人工繁殖的鬼蝠魟。沒在「黑潮之海」拍下大水槽的照片，好像沒來過沖繩一樣。記得算準餵食秀的時間，可以近距離欣賞大鯨鯊進食的奇景。

```
                                        DATA
MAPCODE 553 075 797
地址 沖縄県国頭郡本部町石川424 電話 0980-48-
2741 營業時間 10～2月08:30～18:30，3～9月
08:30～20:00 公休日 無 門票 1,850／1,230／610(
大人／高中以上／國中以下) 鄰近公車站 石川入口
停車場 有
```

海洋博公園

免費海豚表演的海洋公園

沖繩最大的免費公園，美麗海水族館也在此公園內。有海豚劇場可免費欣賞海豚秀，還可觀察海龜的生態，附設有熱帶植物園、天文館、海洋文化館、海灘、餐廳，是沖繩人會帶小朋友來度過週末下午的好去處。

```
                                        DATA
MAPCODE 553 075 437
地址 沖縄県国頭郡本部町字石川424番地 電話
0980-48-2741 營業時間 10～2月08:00～18:00，3
～9月08:00～19:30 公休日 無 鄰近公車站 記念公
園前 停車場 有
```

玩樂篇

CAFEハコニワ(CAFÉ箱庭)

森林中的古民家咖啡館

旅行途中，偶爾會邂逅氣氛很棒的小店，CAFÉ箱庭就是其中之一。要穿越森林隧道才能抵達的超隱密小餐館，房子是沖繩古民家改建而成，僅有12個座位，非常容易客滿。如要前往，建議開店前就去排隊。餐點使用在地的蔬菜，簡單樸實，沒有過多調理過程。待在CAFÉ箱庭，有一種回家的錯覺，讓我們在異地享受緩慢的美好時光。

DATA
MAPCODE **206 804 746**
地址 沖繩県国頭郡本部町伊豆味2566 電話 0980-47-6717 營業時間 11:30～17:30 公休日 週三、週四 鄰近公車站 第一ウジュン原 停車場 有

ととらべべ ハンバーガー(ToTo la Bebe漢堡)

風味獨具的美味漢堡餐廳

前往美麗海水族館途中會經過的漢堡專門店，是一群熱愛沖繩又熱愛漢堡的年輕人所開的店。漢堡可內用也可外帶，但是店內沒有冷氣，夏季可能會比較熱。店內使用的培根、漢堡的麵包都是他們自己手工製作，而牛肉也都是特別混和牛絞肉及黑毛和牛製成，非常值得一試。

DATA
MAPCODE **206 766 082**
地址 沖繩県国頭郡本部町崎本部16番地 電話 0980-47-5400 營業時間 11:00～15:00(賣完為止) 公休日 週四 鄰近公車站 崎本部 停車場 有

きしもと食堂八重岳店(岸本食堂八重岳店)

不太需要排隊的百年麵店分店

人氣沖繩麵店的分店，有更多的座位，更大的停車場。如果本店在排隊，又剛好有開車的話，就建議馬上改去這間分店。另外，此分店營業到晚上7點，如果看完水族館出來比較晚，也可以來這裡吃飯。

DATA
MAPCODE **206 859 346**
地址 沖繩県国頭郡本部町字伊野波350-1 電話 0980-47-6608 營業時間 11:00～17:30(賣完為止) 公休日 週三 鄰近公車站 八重岳入口 停車場 有

瀬底ビーチ(瀬底海灘)

透明感十足的美麗海灘

瀬底島是沖繩北部離島，現有「瀬底大橋」連接，所以開車就可以抵達。瀬底海灘非常漂亮，水質透明度又高，人不會太多，適合游泳、浮潛。另外此處也是看夕陽的絕佳場所。

DATA
MAPCODE **206 822 265**
地址 沖繩県国頭郡本部町字瀬底 電話 0980-47-7000 營業時間 4～6月09:00～17:30，7～9月09:00～18:00 公休日 無 門票 免費 鄰近公車站 瀬底(走路距離1公里) 停車場 有(收費)

水納島

牛角麵包形狀的浪漫小島

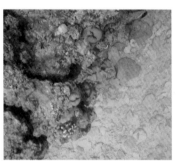

沖繩北部的離島,其形狀很像牛角麵包,素有牛角麵包島的暱稱。需要搭船才可抵達,島民約有40餘名,島上也有中小學。水納島有很漂亮的沙灘,很適合海水浴、浮潛。

酒雄提醒

浮潛行程還附船票＋BBQ午餐

沖繩北部的浮潛業者會安排一日或半日行程,還附船票跟BBQ午餐。當然想自行前往,就要到本部港搭定時的渡輪。

DATA

官網 www.minna-beach.com
地址 沖繩県国頭郡本部町字瀬底6229 電話 0980-47-5572 營業時間 無 公休日 無 鄰近公車站 無 停車場 無

ぬーじ(NUJI)

私房推薦

無邊際泳池畔的高級餐廳

五星級飯店「Oriental Hills OKINAWA」附設的餐廳,中午對外營業。雖然同樣是以沖繩、日本料理為主,但在飯店主廚巧手之下,變成很值得一吃的高級料理。同時在優雅的環境中用餐,享受片刻的名媛生活,為沖繩旅行留下難忘的回憶。

DATA

MAPCODE 206 315 077*80
地址 沖繩県国頭郡恩納村字瀬良垣79-1 電話 098-966-1611 營業時間 11:30～14:00 公休日 無 鄰近公車站 瀬良垣 停車場 有

道の駅許田(許田公路休息站)

日本第一來客數的休息站

一年有150萬人次來訪的人氣休息站,來訪人數目前仍是日本第一。除了提供休息站的功能之外,在這也可以買到沖繩的最新土產、農產品、水果、點心、冰淇淋,另外還有各觀光景點的折價券。如果要來北部玩,推薦一定要在許田停留一下。

DATA

MAPCODE 206 476 739
地址 沖繩県名護市許田17番地1 電話 0980-54-0880 營業時間 08:30～19:00 公休日 無 鄰近公車站 無 停車場 有

島豚七輪焼・満味(島豚七輪燒肉・滿味)

只賣沖繩豬肉的專業燒肉店

位於名護市伊差川的日式燒肉店，料理也是以沖繩的黑豬肉為主。這邊可以吃到很多稀有的部位，像是氣管、大動脈、橫隔膜等，非常推薦給喜歡吃肉或喜歡嘗鮮的朋友。不論當地人或觀光客都愛去，所以最好可以事先打電話去訂位。

DATA

MAPCODE **485 360 190**
地址 沖繩縣名護市伊差川251 電話 0980-53-5383
營業時間 17:00～22:00 公休日 週二 鄰近公車站 伊差川 停車場 有

オリオンビール名護工場(Orion啤酒名護工廠)

沖繩美味啤酒的大本營

Orion是暢銷日本及亞洲的沖繩在地啤酒，位於名護的工廠是他們唯一一座工廠。有開放免費參觀，有專人導覽，還提供免費生啤酒試飲，最多一個人可以喝兩杯。這可是沖繩人最驕傲的啤酒，十分順口又不辛辣，跟日本啤酒不太一樣，別有一番風味。還可以買到此地限定的Orion啤酒周邊商品。如欲參觀建議可以先行預約，確保一定可以參觀到。(如果是開車去，會提供駕駛無酒精飲料。)

DATA

MAPCODE **206 598 808**
地址 沖繩縣名護市東江2-2-1 電話 0980-54-4103
營業時間 09:00～18:00 公休日 無 門票 免費 鄰近公車站 名護城入口 停車場 有

万座毛(萬座毛)

象鼻形狀的海蝕崖地形

萬座毛是一座海岸邊的公園，因可以觀察奇形怪狀的海蝕崖，所以常常有很多遊客前來。一處看起來很像象鼻的海岸，特別吸引遊客的目光。此處也是欣賞夕陽的好地方，如果天氣好的傍晚，停車場常常會塞滿車子，如果要看夕陽，請記得提早前往喔！

DATA

MAPCODE **206 312 097**
地址 沖繩縣恩納村恩納 電話 098-966-1280 營業時間 無 公休日 無 鄰近公車站 恩納村役場前 停車場 有

三矢本舖 恩納店(本店)

沖繩人的最佳零嘴

沖繩人有個從小吃到大的零食，叫做「沙翁」(サーターアンダギー)，有點像現炸多拿滋的沖繩口味版。三矢本舖是沖繩北部超有名的店家，每到下午3點，就會有很多在地人去買。只有不到10個座位，也可以外帶。推薦商品是有8種口味的「沙翁」。

DATA

MAPCODE **206 282 287**
地址 沖繩縣恩納村恩納2572-2 電話 098-966-8631
營業時間 09:00～18:00 公休日 無 鄰近公車站 恩納村役場前 停車場 有(僅3台)

CALiN 咖啡雜貨

逛吃結合，悠閒一下午

　　沖繩最受歡迎的多拿滋店「しまドーナッツ」所開的新店，除了可吃到全口味的多拿滋之外，也結合輕食、飲品，並陳列在地藝術家的日用雜貨、工藝品等等，是個可以享受悠閒時光的好地方。店內裝潢配色都很美，也是網美拍照的好地方。

DATA

MAPCODE 485 570 675*14
地址 沖繩県名護市運天原522 電話 0980-52-8200
營業時間 11:00～17:00 公休日 週一 鄰近公車站 運天原入口 停車場 有

STARBUCKS COFFEE 沖繩本部町店

賞沖繩最北海景

　　開在沖繩北部最新商場「Hanasaki Marche」的星巴克分店，是沖繩最北的一間星巴克。店內裝潢時髦，座位數也很多，2樓可以欣賞窗外的海景，特別是情侶們通常喜歡坐在戶外的位子。

DATA

MAPCODE 553 046 307*22
地址 沖繩県国頭郡本部町山川1421-4 電話 0980-43-9865 營業時間 07:00～22:00 公休日 無 鄰近公車站 山川 停車場 有

リンゴ カフェ(Ringo café)

少女心噴發的馬卡龍全餐

位於瀨底島的小店，獨棟沖繩老屋非常可愛。這裡由法國主廚與日本老婆一起經營，以沖繩食材來製作法國聞名世界的甜點——馬卡龍。約有20種口味，草莓、開心果等人氣口味，通常很早就會賣完，如果比較晚到的話，不用擔心，還有禮盒可以買，主要的口味全在禮盒裡。甜點好吃、氣氛也好、老闆娘還很健談，真的會讓人流連往返。

DATA

MAPCODE 206 824 215*28
地址 沖繩県国頭郡本部町瀨底279 電話 0980-47-6377 營業時間 10:00～17:00 週一 週一 鄰近公車站 石嘉波 停車場 有

車えびレストラン 球屋

巨型明蝦這裡吃

明蝦養殖場直營的明蝦專門店，明蝦依照尺寸不同價位也不一樣，最大的哥吉拉級長度可達約20公分。吃法可由生魚片、壽司、火烤、裏粉炸、天婦羅等方式中選擇，想省錢也有丼飯類或定食，愛蝦人士不可錯過。生意很好，開店後沒多久就會客滿，建議要早點去才不用排隊。

DATA

MAPCODE 206 238 523*88
地址 沖繩県国頭郡宜野座村宜野座1008 電話 098-968-4435 營業時間 11:30～21:00 公休日 週二 鄰近公車站 無 停車場 有

中部景點

残波岬(P.119)

真栄田岬(P.119)

58 58號國道

ASOVIVA三線專賣店(P.123)

沖縄自動車道(高速公路出口) IC

やちむんの里
陶藝之里(P.122)

鶴亀堂ぜんざい
鶴龜堂冰店(P.123)

金武灣

大泊ビーチ
大泊海灘(P.123)

海人食堂(P.78)

ヤッケブース
jakkepoes (P.82)

伊計島

道の駅かでな
嘉手納公路休息站(P.122)

36

宮城島

58

74

平安座島

うるマルシェ
uru marche

兼久海濱公園

10

海の駅あやはし館
美橋海中休息站(P.123)

北谷八 バーブルワリー
CHATAN HARBOR BREWERY
(P.119)

Transit Cafe (P.85)

イオンモール沖縄ライカム
永旺夢樂城沖縄來客夢
(P.120)

海中道路

濱比嘉島

VONGO & ANCHOR
(P.86)

パヤオ直売店
PA-YA-O直賣店 (P.78)

雨の日ライオン
雨天的獅子

ポークたまごおにぎり
本店 北谷店

美浜アメリカンビレッジ
美浜美國村(P.121)

PLOUGHMAN'S LUNCH BAKERY(P.122)

TIMELESS CHOCOLATE

宜野湾トロピカルビーチ
宜野灣熱帯海灘(P.121)

琉京甘味
SANS SOUCI (P.122)

中城灣

mofgmona(P.121)

雑貨屋そSO
(P.86)

宗像堂
(P.121)

キングタコス 長田店
KING TACOS長田店 (P.82)

てだこ
Te Da Ko沖縄麺
(P.75)

琉球麺 茉家(P.119)

港川外人住宅區

オハコルテ 港川本店(oHacorte港川本店)(P.120)

ippe coppe(P.120)

殘波岬

欣賞夕陽的絕佳場所

　　殘波岬有一座純白的燈塔,且這邊的海邊都是岩岸,可以欣賞到與沙灘截然不同的景色。這裡也是很適合觀賞夕陽的景點,只要是天氣好的日子,就會有很多人開車到這邊欣賞夕陽。

> **DATA**
> MAPCODE 1005 685 353
> 地址 沖繩県中頭郡読谷村字宇座　電話 098-982-9216 營業時間 無 公休日 無 鄰近公車站 無 停車場 有

真栄田岬

可直接前往青洞的浮潛聖地

　　真榮田岬園區整理得像是一個公園,中心建築物可以租借潛水、浮潛器具,也有提供簡單餐點。園區內有一個樓梯,可直接通往海上,所以可以「走路去浮潛」。且因為浮潛勝地「青之洞窟」就是在這附近,所以很多人會自備潛水器材,從這邊下海,感受青洞的魅力。若海象不佳時,這個樓梯將會關閉不開放。

> **DATA**
> MAPCODE 206 062 686
> 地址 沖繩県国頭郡恩納村真栄田469-1 電話 098-982-5339 營業時間 無 公休日 無 鄰近公車站 真田 停車場 有

琉球麺 茉家

追求美味極致的沖繩麵店

　　堅持麵一定要品嘗原味的沖繩麵店,上桌的湯碗裡只有清湯與麵,三層肉等配料都是另外盛裝的。麵條非常有彈性又有嚼勁,吸足了湯汁裡的清甜後更顯美味。另外推薦豬肋排,肉質軟嫩,淋上微甜醬汁,吃起來很滿足。

> **DATA**
> MAPCODE 33 311 400*04
> 地址 沖繩県浦添市伊祖3-9-6 電話 098-879-6778 營業時間 11:00～15:00 公休日 週三 鄰近公車站 無 停車場 有

北谷ハーバーブルワリー(CHATAN HARBOR BRE

沖繩第一間精釀啤酒餐廳

私房推薦

　　店內可以看到有巨大的釀酒桶,彷彿置身在啤酒工廠旁用餐。提供有5種精釀啤酒,每一種都各有特色;也有可以一次喝到全部口味的試飲組合,很適合第一次來店的客人。請注意飲酒後不要開車。

> **DATA**
> MAPCODE 33 555 050*61
> 地址 沖繩県中頭郡北谷町美浜53-1 電話 098-926-1118 營業時間 17:00～00:00 公休日 無 鄰近公車站 県営美浜団地前 停車場 有

オハコルテ港川本店(oHacorte港川本店)

超人氣甜點專賣店

看到這個幸福青鳥的logo，就知道是沖繩超人氣水果塔專賣店「oHacorte」，位於「港川外人住宅街」中。這區的店家都很時尚，是在地人的約會勝地。oHacorte設計出多種保留水果原來風味的獨特甜點，當季新鮮水果令人食指大動，酥酥的外皮令人一口接一口。可以外帶，也很推薦在店內享用喔！

> DATA
>
> **MAPCODE 33 341 002**
> 地址 沖繩県浦添市港川2-17-1#18 電話 098-875-2129 營業時間 11:30～19:00 公休日 無 鄰近公車站 港川 停車場 有(僅2台)

ippe coppe

很快就賣完的超人氣麵包店

「港川外人住宅街」中的天然酵母麵包店，是在地人非常喜愛的麵包店，店內的麵包、吐司都是限量生產，所以如果想要買的話，建議可以提前一天打電話去預約。「ippe coppe」是12:30開門，但招牌的司康跟rusk常常是還不到下午2點就賣完了。

> DATA
>
> **MAPCODE 33 341 033**
> 地址 沖繩県浦添市港川2-16-1 電話 098-877-6189 營業時間 12:30～18:30(賣完可能提早打烊) 公休日 週二、週三、每月第三個週一 鄰近公車站 港川 停車場 無

イオンモール沖縄ライカム(永旺夢樂城沖繩來客夢)

沖繩重量級購物中心

沖繩縣內最大的購物中心——永旺購物中心，可以買到許多沖繩其他地方買不到的日本品牌，喜歡購物的人，應該可以待在這一整天都不想出來吧？除了購物之外，也能吃到許多日本知名餐廳的美食。

> DATA
>
> **MAPCODE 33 530 383*34**
> 地址 沖繩県北中城村 アワセ土地区画整理事業区域内4街区 電話 098-930-0425 營業時間 10:00～22:00 公休日 無 鄰近公車站 イオンモール沖縄ライカム 停車場 有

酒雄提醒

導航小祕訣

「港川外人住宅街」因屬於個人住宅區，所以導航輸入電話會找不到，請使用MAPCODE或住址搜尋。建議也可以輸入附近的「港川小學校」資訊，到了再找停車位，或者直接開到想去的店家門口。

港川小學校
地址：沖繩県浦添市城間4丁目37-1
電話：098-879-1974

宜野湾トロピカルビーチ (宜野灣熱帶海灘)

中部地區玩水的熱鬧海灘

更衣室、淋浴間、置物櫃等設備十分齊全的大型海灘，海灘開放期間，每天都會看到很多人在這邊玩水、游泳。另也有提供烤肉器材及食材，還可以約朋友一起玩沙灘排球、搭香蕉船。交通方便，又鄰近港川外人住宅街及美國村，玩水之後還有很多地方可以逛逛。

DATA
MAPCODE 33 403 068
地址 宜野湾市真志喜4丁目2番1号 電話 098-897-2751 營業時間 09:00～19:00(游泳開放時間：4月下旬～10/30) 公休日 無 鄰近公車站 コンベンションセンター前 停車場 有

mofgmona

雜貨風文創咖啡館

宜野灣市最有特色的文創咖啡店，店內走溫馨家庭風，每個座位都有精心巧思。門口還有陳設在地藝術家的作品，如果看喜歡，記得用行動支持一下喔！餐點走滿紮實的路線，好吃又兼顧營養。平日才有午餐時段，週末就只有晚餐時段，時間上的安排要特別注意。

DATA
MAPCODE 33 346 043
地址 沖繩県宜野湾市宜野湾2-1-29 1 F 電話 098-893-7303 營業時間 午餐：週一～五11:30～15:30 咖啡及晚餐：週一、週三～五17:00～24:00，週六15:00～24:00，週日15:00～22:30 公休日 無 鄰近公車站 長田 停車場 有

宗像堂

淳樸美味的石窯麵包店

小木屋中有一座老闆自己蓋的石窯，烤出來的手工麵包不但是老闆的創意心血，且全部都是限量生產。小庭園有好幾個鞦韆，可以來這重拾童心，或者帶小朋友來玩。店內也有幾個座位，所以也可以內用，也有咖啡等飲品可選擇。

DATA
MAPCODE 33 313 708
地址 沖繩県宜野湾市嘉数1-20-2 電話 098-898-1529 營業時間 10:00～18:00 公休日 週三 鄰近公車站 広栄団地入口 停車場 有

美浜アメリカンビレッジ (美浜美國村)

可體驗異國文化的購物商圈

結合電影院、摩天輪、飯店、購物商場、美食、量販店與海灘的大型商圈。因為沖繩有許多美軍基地，此地主要提供給美國士兵及家屬，一個充滿休閒及回味美國的地方，當然本地客人也常常造訪此地。除了很多國外品牌的服飾之外，這裡有很多可以聽到現場演唱的餐廳、表演空間。若在沖繩體驗異國文化，美國村會是首選喔！另外夕陽、夜景都很美，推薦傍晚來這走走。

DATA
MAPCODE 33 526 480
地址 沖繩県中頭郡北谷町字美浜16-2 電話 098-926-5678 營業時間 無 公休日 無 鄰近公車站 軍病院前 停車場 有

うるマルシェ(uru marche)
產地新鮮直送的美食小吃

うるま市的大型農夫市集，所有農漁產品都是農漁夫從產地新鮮直送，如果住在有廚房的地方，可以利用在地食材來做些料理，更能感受在地風情。外面也附設美食小吃區、提供自助沙拉吧的餐廳，可以吃到在地原味。

DATA
MAPCODE 33 626 206*30
地址 沖繩県うるま市前原183-2 電話 098-923-3911 營業時間 09:00～20:00(餐廳11:00～22:00) 公休日 無 鄰近公車站 具志川ジャスコ入口 停車場 有

雨の日ライオン(雨天的獅子)
精緻獨到的服務與布置

位於山丘上的隱密小店，店前的坡道非常陡，一度以為我開不上去，堪稱我自駕史上數一數二困難的經驗。可以感覺老闆夫婦非常用心，不管是雅致的裝飾，家具的選用，以及細緻美味的餐點，連晴雨天也會推薦你喝不一樣的咖啡，每樣設計都讓我非常喜歡。真是不枉費一路開車與停車的努力啊！

DATA
MAPCODE 33 498 712*58
地址 沖繩県中頭郡北谷町玉上83番地54 電話 080-3226-1100 營業時間 07:00～20:00 公休日 日期逢5的倍數即休、31號 鄰近公車站 無 停車場 有

ポークたまごおにぎり本店 北谷店
人氣沖繩飯糰分店

人人氣沖繩飯糰店，位於美國村區域的分店，也是唯一一家不太需要排隊的分店。北谷分店獨家的炸豬排飯糰非常好吃，有兩塊大豬排，讓肉食族的朋友也能大大滿意。雖然是以外帶為主，但因為附近有很多座位，可以一邊看海，一邊享用美食。

DATA
MAPCODE 33 525 349*44
地址 沖繩県中頭郡北谷町美浜 電話 098-921-7328 營業時間 07:00～20:00 公休日 無 鄰近公車站 美浜アメリカンビレッジ北口 停車場 有

TIMELESS CHOCOLATE
製作現場曝光，沖繩個性十足

沖繩第一間堅持從可可豆烘焙開始製作的巧克力專門店，選用來自世界各地的可可豆，搭配多良間島等地所產的黑糖，製作出多種充滿沖繩個性的巧克力。店內即是工廠，可以透過櫥窗，看到職人們製作巧克力的樣子，非常特別。人氣商點就是巧克力片，也有販售巧克力飲品，是常常客滿的人氣店。

DATA
MAPCODE 33 525 410*77
地址 沖繩県中頭郡北谷町美浜9-46 ディストーションシーサイドビル 2F 電話 098-923-2880 營業時間 11:00～19:00 公休日 無 鄰近公車站 美浜アメリカンビレッジ北口 停車場 有

PLOUGHMAN'S LUNCH BAKERY

聚會、約會皆適合的麵包餐廳

隱身在高速公路旁小山坡中的麵包餐廳，麵包都可以外帶，內用分成早餐跟午餐時段。特別推薦午餐時段，因為所有麵包可以無限續加，可以吃很飽之外，也能吃到老闆對麵包的堅持。店內空間氣氛很好，適合家庭聚會以及情侶約會。

> **DATA**
> MAPCODE 33 440 756
> 地址 沖繩縣中頭郡北中城村安谷屋927-2 電話 098-979-9097 營業時間 08:00～16:00 公休日 週三 鄰近公車站 安谷屋(行走距離約850公尺) 停車場 有

琉京甘味 SANS SOUCI

在沖繩遇見京都美味

來自京都的老闆，以沖繩豐富的食材，製作滿滿京都味的料理。特別是招牌的咖哩烏龍麵，香濃的滋味令人難忘。除了餐點之外，各式和風甜點也是非常有特色，很值得專程跑一趟。假日人潮很多，建議可以先行預約。

> **DATA**
> MAPCODE 33 440 524*03
> 地址 沖繩縣中頭郡北中城村字萩道150-3 パークサイド#1822 電話 098-935-1012 營業時間 午餐11:00～15:30、下午茶15:00～17:30 、晚餐17:30～21:00 公休日 無 鄰近公車站 無 停車場 有

道の駅かでな（嘉手納公路休息站）

肉眼欣賞美軍戰鬥機的休息站

可近距離欣賞美軍戰鬥機起降的休息站。每天都有很多軍事迷造訪，不管是戰鬥機「F-15」、「F-22」、還是空中加油機「KC-135」，都有機會在這邊看到。戰鬥機飛過去時，劃破天際的聲響，還是很震撼的。3樓附設嘉手納基地的博物館，可以了解一下此基地的規模以及相關歷史。1樓則是紀念品專賣店，有戰鬥機相關周邊產品可供選購。

> **DATA**
> MAPCODE 33 708 634
> 地址 沖繩縣嘉手納町字屋良1026-3 電話 098-957-5678 營業時間 08:00～22:00 公休日 無 鄰近公車站 嘉手納町運動公園入口 停車場 有

やちむんの里（陶藝之里）

陶藝家工房聚集的地方

沖繩著名的北窯所在地，「やちむん」在沖繩方言是「陶藝」的意思，所以這裡就是陶藝品的誕生地。園區還滿大的，正中央的窯很壯觀，天氣好時拍照非常美。有些陶藝家自己有店面，介紹自己的作品，另也有共同賣店，展示許多不同陶藝家的作品。

> **DATA**
> MAPCODE 33 855 380
> 地址 沖繩縣中頭郡讀谷村座喜味2653-1 電話 098-982-9216 營業時間 09:30～18:00 公休日 無 鄰近公車站 親志 停車場 有

玩樂篇

鶴龜堂ぜんざい(鶴龜堂冰店)
讀谷村的古早味冰店

位於座喜味城跡旁邊的冰店,店內有賣各式剉冰以及冰淇淋,口味很多但比較偏古早味一點。夏季時很多旅客來吃冰,也可以外帶。自駕來的話,車子可以停在城跡的停車場。

> **DATA**
> MAPCODE 33 854 249
> 地址 沖繩縣中頭郡讀谷村字座喜味248-1 電話 098-958-1353 營業時間 10:00〜19:00 公休日 週三 鄰近公車站 座喜味 停車場 有(可停在「座喜味城跡」的停車場)

ASOVIVA三線專賣店
海景無敵的三線專賣店

堪稱最美的三線專賣店,店內有一整面玻璃落地窗,可以直接欣賞到讀谷的美麗景色,因為商店位於高台,視野非常好,甚至可以看到海。另外如果有事先預約的話,就可以在這體驗三線,會有老師教最平易近人的曲子,只要一個小時,就能學會簡單的三線彈奏方式。除了傳統的三線之外,還有很特別的木製三線,以及迷你三線等。

> **DATA**
> MAPCODE 33 883 090
> 地址 沖繩縣中頭郡讀谷村長浜 815-3 電話 098-958-7750 營業時間 09:00〜17:30 公休日 無 鄰近公車站 無 停車場 有

海の駅あやはし館(美橋海中休息站)
堪稱最美的休息站

海中道路的休息站,其名原文含意為「美麗的橋」。附設兩家餐廳,另外也有土產的賣店。休息站兩側沿著海岸線是淺淺的沙灘,可以游泳、浮潛,特別適合親子來這戲水。天氣好的時候也有人在這玩風帆。停車場通往休息站的天橋上,可以看到海洋中,筆直往前延伸的海中道路,是很特別的景致。

> **DATA**
> MAPCODE 499 576 410
> 地址 沖繩縣うるま市与那城屋平4番地 電話 098-978-8835 營業時間 09:00〜19:00(冬季只到18:00)
> 公休日 無 鄰近公車站 無 停車場 有

大泊ビーチ(大泊海灘)
靜謐隱密的美麗海灘

沖繩東部有橋連接的離島中,最東邊的就是伊計島,這島上有兩個美麗的沙灘,一個是非常熱鬧的伊計海灘,而另一個比較安靜而隱密的,就是大泊海灘。只需要停車費,不需要額外付入場費,也是其魅力之一。如果不喜歡擁擠的沙灘,這裡會是好選擇。

> **DATA**
> MAPCODE 499 794 696
> 地址 沖繩縣うるま市与那城伊計1012 電話 080-8371-1445 營業時間 09:00〜18:00 公休日 無 門票無 鄰近公車站 無 停車場 有(收費500)

那霸市景點

KAZU 理容館
大人 1200
小供 600
TEL 090
6857-8924

古島站

とまりん
泊港(P.125)

沖縄県立博物館・美術館(P.125)

儀保站

三竹壽
真嘉比本店(P.80)

波之上宮(P.127)

國際通及周邊

おもろまち(新都心站)

美榮橋站

あぐろ焙煎 珈琲店
AGURO烘焙咖啡 (P.86)

牧志站

首里站

金城町石畳道(P.126)

首里城
(P.126)

縣廳前站

安里站

ジャッキー ステーキハウス
JACK'S STEAK HOUSE (P.83)

旭橋站

那霸空港站

てんtoてん
「點到點」沖縄麺(P.74)

奧武山公園站

AEON那霸購物中心

小禄站

赤嶺站

國際通及周邊放大圖

お食事処花笠
花笠食堂(P.76)

Penguin Bar Fairy(P.127)

37 Steakhouse & Bar 那霸(P.125)

C&C BREAKFAST OKINAWA(P.130)

ビタ スムージーズ
Vita Smoothies (P.128)

ライラ 舞台 地料理
萊拉舞台餐廳(P.129)

美榮橋站

焼肉レストラン ロインズ
焼肉餐廳ROINS(P.79)

神戸BAR 仲々
(P.79)

暖暮
(P.80)

オレンジキッチン
ORANGE KITCHEN
(P.126)

みかど
MIKADO食堂 (P.76)

登竜門
(P.81)

ちんだみ
CHIN-DA-MI
三線店(P.129)

高良レコード店
高良唱片行(P.128)

きらく食堂
喜樂食堂
(P.130)

麺屋もとなり(久茂地店)
麺屋偶(P.81)

節子
鮮魚店

ひばり屋 珈琲屋台
琉球玩具ロードワークス
Roadworks玩具店 (P.130)

にく久

ズートンズ
zooton's(P.83)

食堂faidama

桜坂劇場(P.131)

縣廳前站

ゆうなんぎい
黃權木(P.77)

琉球ぴらす
琉球PIRAS (P.128)

やちむんカフェ茶太郎
陶藝咖啡 茶太郎(P.131)

スチームダイ
ニング しまぶた屋
蒸料理島豚屋(P.127)

民謡酒場 昭和村
(P.77)

ヤッチとムーン
yacchi&moon (P.131)

まんまるカフェ
圓圓咖啡那霸店(P.130)

牧志公設市場
(P.129)

田舎公設市場南店
(P.75)

壺屋やちむん通り
壺屋通(P.131)

のうれんプラザ農連PLAZA
LA CUNCINA

コトリ焼菓子店
KOTORI焼菓子店

玩樂篇

とまりん(泊港)
前往慶良間群島的玄關口

在泊港可以搭渡輪或高速船前往離島，也有OTS租車公司的分店。所以如果要玩離島的話，泊港就是重要的轉運點。因為距離單軌車站(美榮橋站)稍微有點遠，如果要帶行李去離島玩，建議搭計程車去。請注意往各島的乘船位置不一樣，且渡輪跟高速船的碼頭相隔有些距離，請不要弄錯了喔。

DATA
MAPCODE 33 187 308
地址 沖繩縣那霸市前島三丁目25-1 電話 098-861-3341 鄰近公車站 とまりん前 停車場 有

37 Steakhouse & Bar
私房推薦
沖繩最佳熟成牛排餐廳

東京六本木熟成牛排名店37 Steakhouse & Bar的分店，開在JR九州BLOSSOM那霸飯店的1樓，提供21天與35天的熟成牛排。牛排本身鮮嫩的口感，與濃郁的牛肉鮮味，讓人非常驚豔。跟一般在沖繩常吃的牛排，有著截然不同的高級體驗。

DATA
MAPCODE 33 311 400*04
地址 沖繩縣那霸市牧志2-16-1 電話 098-861-8700 營業時間 午餐11:30～14:30、下午茶14:30～16:00、晚餐17:30～21:30 公休日 無 鄰近公車站 美栄橋駅前 停車場 有

沖繩縣立博物館・美術館
一次了解沖繩全貌的大型展覽

位於新都心的中心地帶，結合了博物館跟美術館的大型建築物。非常推薦對歷史、生物、自然科學有興趣的朋友來參觀博物館，裡面展示沖繩獨有的地形景觀、生物群相以及歷史軌跡，來一次就能完整了解沖繩。我第一次來時，可是逛了快兩小時呢，而且除了特定區域外，幾乎都可以拍照，真是不同於其他博物館。至於美術館常設展區，展出館藏沖繩相關藝術家的作品，有興趣的人可以去參觀。

DATA
MAPCODE 33 188 675
地址 沖繩縣那霸市おもろまち3-1-1 電話 098-941-8200 營業時間 09:00～18:00 公休日 無 門票 博物館常設展：410／260／150 美術館常設展：310／210／100 (大人／高中生／中小學生) 鄰近公車站 縣立博物館前 停車場 有

オレンジキッチン(ORANGE KITCH...

國際通尾端的多國籍料理店

　　早午晚餐都有營業的多國籍料理店，老闆娘是曾經營運企鵝食堂那霸分店的老經驗，料理有泰式酸辣麵、沖繩紅豚火鍋、大人口味的義大利麵等等，都是其他地方吃不太到的美味。

> DATA
> MAPCODE **33 158 679*52**
> 地址 沖繩縣那霸市安里2-4-11 電話 098-975-7077
> 營業時間 早餐07:30～10:00、午餐11:00～16:00、
> 晚餐17:00～21:00 公休日 週三 鄰近公車站 安里 停
> 車場 無

金城町石疊道

富有沖繩感覺的石階梯

　　首里城附近的石灰岩石階小徑，原本的長度，是從首里城一直通往那霸港，現今保存下來的僅有238公尺左右。走起來很有想像中沖繩的感覺，中間有條小路可通往一株巨木，走到一半時，有一間沖繩古屋可供遊客休息。不過階梯滿陡的，記得穿布鞋去，對體力有自信的人可以去走走看。

> DATA
> MAPCODE **33 161 391**
> 地址 沖繩縣那霸市首里金城町2-35付近 電話 無 營
> 業時間 09:00～18:00 公休日 無 鄰近公車站 石疊入
> 口、石疊前 停車場 無

首里城

琉球王國的首都

　　是世界遺產，也曾是琉球王國首都的首里城，可以在此地了解到琉球王國的興衰，以及沖繩此地多舛的命運。園區分成免費跟收費區域，從門口進去到正殿之前是免費區域，如果要進到正殿裡面則是需要收費的。雖然不是非常高聳的建築，但正殿前的御庭看起來十分有氣勢，以前文武百官就是在此進行各種儀式。

> DATA
> MAPCODE **33 161 633**
> 官網 oki-park.jp/shurijo/info/15 地址 沖繩縣那霸市
> 首里金城町1-2 電話 098-886-2020 營業時間 08:00
> ～19:30(隨季節略有變化，詳細請參考官網) 公休
> 日 7月第一個週三及週四 門票 820／620／310 (大
> 人／高中生／國小、國中生) 鄰近公車站 首里城南
> 口、首里城前 停車場 有

波之上宮

祈求海上平安的日本神社

佇立在斷崖上的神社，自古以來就是當地居民祈求海上平安的重要信仰中心。旁邊就直接連到「波之上海灘」，常常有人在這日光浴或游泳。

DATA
MAPCODE **33 155 892**
地址 沖繩縣那霸市若狹1丁目25-11 電話 098-868-2408 營業時間 24小時 公休日 每個月最後一個週一 門票 無 鄰近公車站 波の上ビーチ前 停車場 有

スチームダイニング しまぶた屋(蒸料理島豚屋)

蒸籠方式享受阿古豬肉

主打沖繩夢幻黑豬「阿古」的料理店，店內裝潢時髦，是當地情侶約會的地方。在這可以吃到現蒸的阿古豬肉。用蒸的方式，比燒烤或水煮，更能吃出肉的原味，如果想一嘗阿古豬的美味，這裡是不錯的選擇。

DATA
MAPCODE **33 157 397**
地址 沖繩縣那霸市久茂地3-29-41 電話 098-861-2739 營業時間 17:00～24:00 公休日 週三 鄰近公車站 松尾一丁目 停車場 無

Penguin Bar Fairy

可以看企鵝的雞尾酒吧

南國沖繩，唯一一間養企鵝的酒吧。一進店就可以看到巨大的透明魚缸，可以看到企鵝們很快樂地游來游去。邊喝著酒保的調酒，邊看著企鵝游泳，這世界上還有比這更療癒的事情嗎？酒種類非常地豐富，食物也滿好吃的，住國際通附近的話可以來看看。

DATA
MAPCODE **33 156 839**
地址 沖繩縣那霸市松山2-6-16 電話 098-863-9993 營業時間 週一～週四19:00～隔日04:00，週五、週六19:00～隔日05:00，週日19:00～隔日01:00 公休日 無 鄰近公車站 若松入口 停車場 無

ビタ スムージーズ (Vita Smoothies)

日本正流行的奶昔專賣店

趕上日本正在流行的果泥風潮，那霸也開了全沖繩第一家奶昔專賣店，菜單琳琅滿目，超過30種果泥可供選擇，還提供健康指南，可依照自己身體的需求來點餐。除了果泥還有貝果、三明治等輕食，可內用也可外帶，如果一連大魚大肉幾天，可考慮來這吃個反省餐喔！

DATA
MAPCODE 33 157 736
地址 沖縄県那覇市牧志2-17-17 まきしビル 1F 電話 098-863-3929 營業時間 11:00～21:00(12～3月只到20:00) 公休日 週二 鄰近公車站 美栄橋駅前 停車場 有

高良レコード店 (高良唱片行)

沖繩在地音樂的寶庫

沖繩音樂的寶庫，盡在高良唱片行，如果要找沖繩在地音樂人的CD，這裡會比知名購物網站AMAZON還豐富。還有提供新  進專輯的試聽，如果對沖繩音樂有興趣，這裡就是入門的第一步。

DATA
MAPCODE 33 158 481
地址 沖縄県那覇市牧志3-11-2 電話 098-863-3061 營業時間 10:00～20:00 公休日 無 鄰近公車站 牧志 停車場 無

琉球ぴらす (琉球PIRAS)

具有沖繩味的藝術創作商品

集結沖繩在地藝術創作者的設計，製作各種具有沖繩印象的服飾、雜貨。他們的理念是希望大家的生活中，可以充滿「沖繩」在裡面。舉凡是T恤、花襯衫、錢包等各種的商品琳琅滿目，在北谷的美國村商場中也有一家分店。其中特別介紹手巾(手ぬぐい)，富有沖繩味道的圖案，裱框起來裝飾也不錯喔！

DATA
MAPCODE 33 157 253
地址 沖縄県那覇市松尾2-5-36 電話 098-863-6050 營業時間 11:00～20:00 公休日 無 鄰近公車站 松尾一丁目 停車場 無

玩樂篇

牧志公設市場

當場料理食材的傳統市場

　　沖繩有個不管在地人、觀光客都很愛來的傳統市場，1樓是肉鋪、魚店等生鮮產品賣場，而2樓則是食堂，其中也有台灣人開的店，所以講國語也會通。1樓所買的食材，可以請2樓的食堂幫忙料理，而且只收一個人500円，料理方式也可以跟店家商量。不管是否來用餐，都可以來市場走走，看看跟台灣的市場有沒有不同喔。牧志市場正進行為期三年的整修，預計於2022/3/31遷回原址營業。臨時市場位置詳見P.92地圖。

DATA
MAPCODE **33 157 264**
地址 沖繩縣那霸市松尾2-7-10 牧志公設市場
仮設市場 電話 098-867-6560 營業時間 08:00
～21:00 公休日 每月第四週日、日本新年、農
曆新年 鄰近公車站 てんぷす前 停車場 無

ちんだみ(CHIN-DA-MI三線店)

品質一流的沖繩三線專賣店

　　在國際通巷弄間的三線專賣店，如果想買一把屬於自己的三線，這會比土產店的三線品質好上許多。其他像是樂譜、零配件、CD等也有販售，而且還有提供免費的三線體驗，不需要預約，只要跟店裡的人說想體驗看看，他們就會很親切地教你簡單的彈奏方式喔。

DATA
MAPCODE **33 157 404**
地址 沖繩縣那霸市牧志1-2-18 電話 098-869-2055
營業時間 13:00～20:00 公休日 無 鄰近公車站 松尾
停車場 無

ライラ 舞台 地料理(萊拉舞台餐廳)

欣賞LIVE表演的沖繩料理餐廳

　　餐廳前方是個很大的舞台，每天晚上都有好幾場表演。舞台以沖繩歌手的LIVE為主，有時候還會有戲劇、相聲、舞蹈等其他類型的表演。在這邊我們可以邊欣賞表演，邊享受沖繩料理，或是來杯沖繩地酒。許多著名沖繩歌手會來此演出，表演結束後有機會跟他們聊天照相，是認識沖繩音樂與歌手的絕佳機會。

DATA
MAPCODE **33 157 474**
地址 沖繩縣那霸市牧志2-1-1 プランタビルB1 電話
098-941-5003 營業時間 11:00～24:00 公休日 無
鄰近公車站 てんぷす前 停車場 無

きらく食堂(喜樂食堂)

台灣人開的市場餐廳

台灣人經營的料理食堂，店內有很多講中文的店員，不會日文也不用擔心。這裡的口味跟台灣比較接近，且也可以代為料理1樓市場所買的食材，如果帶長輩或整個家族去的話，可考慮在這邊用餐。不過因為團體客人也會去，所以有時整個2樓會大客滿，要等一陣子。

DATA

MAPCODE **33 157 264**
地址 **沖繩県那霸市松尾2-7-10 牧志公設市場 仮設市場 2F** 電話 **098-868-8564** 營業時間 **11:00～21:00** 公休日 **每月第四週日、日本新年、農曆新年** 鄰近公車站 **てんぶす前** 停車場 **無**

まんまるカフェ(圓圓咖啡那霸店)

市場內小憩的咖啡館

沖繩南部知名海景咖啡的那霸分店，店內有製作一種特別的圓形金楚糕，是圓圓咖啡獨家設計的形狀，一口可以塞入嘴巴，口味配咖啡剛剛好，不會太甜膩，如果在國際通逛累了，推薦可以來這邊休息一下。

DATA

MAPCODE **33 157 354**
地址 **沖繩県那霸市牧志3-1-1** 電話 **098-867-7708** 營業時間 **11:00～19:00** 公休日 **無** 鄰近公車站 **てんぶす前** 停車場 **無**

C&C BREAKFAST OKINAWA

私房推薦

向夏威夷致敬的美味早午餐

開在公設市場附近的夏威夷風早餐店，只開早餐與午餐時段。色彩繽紛的各式料理，光用看的就覺得心情很好，實際品嘗起來，口味真的很不錯，店面不大，但一進門就感覺跟熱鬧市場截然不同的悠閒氣氛。很適合情侶約會，或三五好友來聚餐。

DATA

MAPCODE **33 157 323**
地址 **沖繩県那霸市松尾2-9-6 タカミネビル 1F** 電話 **098-927-9295** 營業時間 **09:00～17:00(週六～日從08:00開始)** 公休日 **週二** 鄰近公車站 **てんぶす前** 停車場 **無**

琉球玩具ロードワークス(Roadworks玩具店)

全手工製作的玩具店

Roadworks位於公設市場往櫻坂劇場的路上，地點不是很好找。這是一間沖繩在地人手工製作的木製玩具店，店內展示很多有趣的小玩具，以人物及動物玩偶為主，每個都很有特色。不管要送人或當紀念品，都很合適。

DATA

MAPCODE **33 157 238**
地址 **沖繩県那霸市牧志3丁目6-2** 電話 **098-988-1439** 營業時間 **10:00～18:00** 公休日 **週日** 鄰近公車站 **てんぶす前** 停車場 **無**

桜坂劇場(櫻坂劇場)
沖繩流行文化的發源地

「櫻坂劇場」是一間由電影院、餐廳、電影周邊商品店、傳統工藝品店所組成的複合商業設施。開業60多年來，一直是在地居民休閒娛樂的地方。一旁的賣店中，展售許多只有這邊才有辦法進口的CD跟書籍，2樓則展售陶藝品、沖繩玻璃、紅型等沖繩工藝品。雖然不太可能來這看電影，但來感受一下沖繩人的娛樂，似乎也是不錯的在地體驗。

DATA
MAPCODE 33 158 271
地址 沖繩縣那霸市牧志3-6-10 電話 098-860-9555
營業時間 10:00～22:00 公休日 無 鄰近公車站 てんぶす前 停車場 有

壺屋やちむん通り(壺屋通)
陶藝家作品的集散地

集合陶藝家作品賣店的一條小路，有維持琉球傳統的陶藝品，也有創新思維的作品。不管是要尋找一個杯盤器皿，或是家中可以擺設的獅子，還是泡茶用的壺杯組，都可以來這逛逛，說不定會有意想不到的發現！

DATA
MAPCODE 33 158 009
地址 沖繩縣那霸市壺屋 鄰近公車站 壺屋 停車場 有

ヤッチとムーン(yacchi&moon)
卡哇依的陶藝品店

壺屋通內一間很可愛的陶藝品店，以實用的餐具、花器、杯盤等生活器具為主，作品都是出自沖繩在地的藝術家。跟傳統沖繩器皿圖騰式的風格非常不同，很多小東西讓人看得愛不釋手，使用可愛的器皿，可以豐富我們的生活，也是送禮的好選擇。

DATA
MAPCODE 33 158 038
地址 沖繩縣那霸市壺屋1-21-9 電話 098-988-9639
營業時間 10:00～19:00 公休日 無 鄰近公車站 壺屋
停車場 無

やちむんカフェ茶太郎(陶藝咖啡 茶太郎)
沖繩風味的陶藝品店

結合陶藝品與咖啡廳的複合商店，人氣很高，常常都會客滿。咖啡區提供咖啡、飲料、輕食，也有賣午餐，所有飲料都可以外帶。另外，一旁的藝廊區，展售出自在地藝術家之手的風格器皿，也有很多人專門來買陶藝品。

DATA
MAPCODE 33 158 094
地址 沖繩縣那霸市壺屋1-8-12 電話 098-862-8890
營業時間 10:00～20:00 公休日 無 鄰近公車站 壺屋
停車場 無

にく久
值得一再光顧的肉饗宴

以肉為主題的割烹料理，老闆親自走訪全國食肉產地，堅持了解環境與飼料之後才進貨，非常堅持食材品質，也以同樣的熱情，研發、烹煮料理。可以吃到和牛、豬、雞、馬、山羊等不同肉，從刺身到各式料理，種類繁多又有變化，只去一次根本吃不完，值得多去幾回的好店。搭餐的酒也很講究，老饕必訪啊！

```
                                    DATA
MAPCODE 33 157 300*66
地址 沖繩県那霸市久茂地3丁目121 電話 098-869-
1888 營業時間 17:00～24:00 公休日 無 鄰近公車
站 農林中金前 停車場 無
```

食堂faidama
高質感的用餐體驗

老闆夫婦來自石垣島，店名「faidama」其實就是八重山方言，「貪吃鬼」的意思。餐點以沖繩傳統食材，結合日本料理的調理方式，提供高質感的餐點，就連使用的器皿也都非常講究，可說是與其他沖繩食堂非常不一樣。菜單由老闆夫婦共同設計，每兩週會更換菜色，是一間讓人想一去再去的好地方。

```
                                    DATA
MAPCODE 33 157 170*71
地址 沖繩県那霸市松尾2丁目1214 電話 098-953-
2616 營業時間 11:30～19:00 公休日 週一、二 鄰近
公車站 松尾 停車場 無
```

コトリ焼菓子店(KOTORI燒菓子店)
靠口碑熱銷的美味甜點

開在寧靜住宅區的洋菓子店，沒有明顯的招牌，也沒有停車場。櫃檯後方是開放式廚房，這裡也是老闆娘平時做甜點的地方。口感鬆軟的戚風蛋糕就是小店招牌，有多種口味，每一樣都非常美味。除此之外還有餅乾、布丁等商品，建議早點前往，不然傍晚可能通通賣完了。

```
                                    DATA
MAPCODE 33 128 421*71
地址 沖繩県那霸市樋川1丁目28-16 電話 080-
8395-8452 營業時間 11:30～17:00 公休日 週日、
週一～二 鄰近公車站 与儀十字路 停車場 無
```

節子鮮魚店
白天就能開喝的好地方

提供各種平價的生魚片及碳烤海鮮，生蠔也只要300日幣，對海鮮愛好者非常有吸引力。想喝啤酒等飲料的話，請自己到冰櫃取用，非常free style的一間店。從中午開門之後，就可以看到在地人開始喝起來，充分感受在地氣息，不知不覺我也跑去拿第二罐啤酒。

```
                                    DATA
MAPCODE 33 157 290*03
地址 沖繩県那霸市松尾2丁目8-44 電話 098-868-
3919 營業時間 12:00～21:00 公休日 週四 鄰近公
車站 松尾 停車場 無
```

浮島ブルーイング タップルーム
(UKISHIMA BREWING TAP ROOM)

自家精釀啤酒，很鮮

　　位於喧囂的市場商店街，走上3樓，映入眼簾是一處時髦有設計感的空間，極大反差讓來訪者驚豔。每天從鄰近的釀酒廠新鮮直送，提供自家釀的8種精釀啤酒。店內的裝飾與燈具都堅持使用沖繩在地作家的作品，也在料理上非常用心，讓顧客每次來都有新發現，猶如一場華麗的冒險。

DATA
MAPCODE **33 157 146*22**
地址 沖繩縣那霸市牧志3丁目3-1 3F 電話 098-894-2636 營業時間 17:00～22:00 公休日 週三 鄰近公車站 てんぶす前 停車場 無

のうれんプラザ(農連PLAZA)

絕對在地文化呈現

　　前身為營運了60年的「農連市場」，因為設備老舊而搬到了現在新蓋的大樓裡，市場本身兼具批發與零售，非常有在地感，除了是居民買菜、購物的好地方之外，也設置許多飲食店。一天24小時都有店家營業，每個時段來都不太一樣。每天早上7點，所有店家會一起在門口做早操，非常可愛。若想體驗在地生活，還有比這更合適的地方嗎？

DATA
MAPCODE **33 128 780*28**
地址 沖繩縣那霸市樋川2-3-1 電話 098-834-7818 公休日 無 鄰近公車站 開南 停車場 有 網址 nouren-plaza.com

LA CUNCINA

義式風味的蔬果料理

　　のうれんプラザ裡的一間小餐廳，主廚待過6年的義大利料理店，後來又輾轉當過蔬果批發商，便把兩種專才結合起來，在現在的店中，推出多種將水果入菜的美味餐點。最受歡迎的是早上販售的水果三明治，使用的水果會依照季節改變，吃起來酸酸甜甜，口味清爽，如此美味，難怪一早就幾乎客滿。

DATA
MAPCODE **33 127 839*14**
地址 沖繩縣那霸市樋川2-3-1(のうれんプラザ一樓) 電話 098-851-7422 營業時間 07:30～18:00 公休日 週一 鄰近公車站 開南 停車場 有

ひばり屋(珈琲屋台)

極度隱密的可愛咖啡屋

　　隱身於住宅區裡，有個可愛小庭園的露天咖啡屋台，因為實在太隱密了，第一次去一定會先迷路個一陣子，才有機會找到。因為店在戶外，所以老闆娘調製飲料時，特別注重清爽與溫和的口感，即便是炎熱夏天，還是能在ひばり屋感受片刻的清涼。我每次來都會感嘆，偶爾迷個路也很不錯呢！

DATA
MAPCODE **33 158 361*11**
地址 沖繩縣那霸市牧志3丁目9-26 電話 090-8355-7883 營業時間 13:00～19:00 公休日 不定期 鄰近公車站 牧志 停車場 無

南部景點

長山びんがたTIDAMOON
長山紅型 TIDAMOON(P.135)

あざまサンサンビーチ
安座真SUN SUN海灘(P.137)

まんまるカフェ南城店
圓圓咖啡南城店(P.84)

斎場御嶽
(P.137)

瀬長島ウミカジテラス
UMIKAJI TERRACE (P.136)

ニライカナイ橋
仙境橋(P.136)

知念岬公園
(P.136)

DOUCATTY
手工染手帕店(P.127)

沖縄アウトレットモールあしびなー
沖縄Outlet ASHIBINAA(P.133)

RESORT CAFE KAI(P.85)

カフェくるま
CAFÉ 薑黃花(P.82)

アトリエショップ COCOCO
工房COCOCO(P.134)

CAFÉやぶさち
CAFÉ YABUSACHI
(P.84)

おきなわワールド
沖縄世界文化王國(P.134)

玉城焼(P.133)

山の茶屋・楽水
山的茶屋 樂水(P.86)

中本てんぷら店
中本炸物店(P.78)

浜辺の茶屋
濱邊的茶屋(P.84)

丸三冷物店(P.133)

屋宜家(P.135)

奥武島
(P.135)

茶処真壁ちなー
茶處 真壁喜納(P.133)

玩樂篇

沖縄アウトレットモールあしびなー (Outlet ASHIBINA)

沖繩唯一一間精品Outlet賣場

沖繩唯一的Outlet商場，以國際精品、日本品牌為主，約有100個專櫃。距離機場很近，常常作為登機前最後逛街的地方。

因為是Outlet，所以價格會比市區的商店還要便宜些，如果有自己喜歡的品牌，可以來這挖寶看看，說不定可以撿到便宜喔！

> DATA
> MAPCODE 232 544 575
> 地址 沖縄県豊見城市字豊崎1-188 電話 098-891-6000 營業時間 10:00～20:00 公休日 無 鄰近公車站 アウトレットモールあしびなー前 停車場 有

玉城焼

個性十足的沖繩陶藝品店 私房推薦

「山的茶屋 樂水」(P.86)店內所使用的杯盤器皿，很多都是出自玉城焼的作品。很小的一家店面，跟民家連在一起，一不小心可能就會錯過，對面則是創作工房。作品很有特色，也有濃濃的沖繩味道。

> DATA
> MAPCODE 232 469 842
> 地址 沖縄県南城市玉城玉城90-4 電話 098-949-7696 營業時間 08:00～日落 公休日 無 鄰近公車站 玉城 停車場 有

丸三冷物店

超人氣的白熊剉冰

一間很復古風的剉冰及沖繩麵店，人碗的「白熊」剉冰是本店最有人氣的菜單，雖然看不出來是熊，但總之外型很可愛，分量很多，一個人恐怕是吃不完。雖然是冰店為主，但沖繩麵意外地簡單好吃，有時候會看到下課的當地學生來吃點心。有到沖繩南部玩，不妨來看看喔！

> DATA
> MAPCODE 232 455 045
> 地址 沖縄県糸満市字糸満967-29 電話 098-995-0305 營業時間 11:00～18:00 公休日 無 鄰近公車站 糸満ロータリー前 停車場 有

茶処真壁ちなー(茶處真壁喜納)

十足沖繩味的老房子餐廳

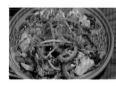

琉球石灰岩的外牆，木造百年古宅，還有屋頂上的獅子，這完全就是告訴你：「我到沖繩了」的餐廳。真壁是這一帶的地名，而日文店名「ちなー」是琉球的發音，如果換成日文發音，就是「喜納」。這邊只賣午餐時段，以沖繩家常料理為主，口味都很道地。我覺得為了這間老房子，專程來南部吃都很值得。但因為人氣很高，所以建議要早點來，不然要排很久。外面的道路非常狹窄，駕駛要多小心。

> DATA
> MAPCODE 232 368 155
> 地址 沖縄県糸満市真壁223 電話 098-997-3207 營業時間 11:00～16:00 公休日 週三 鄰近公車站 真壁 停車場 有

アトリエショップCOCOCO（工房COCOCO）

年輕陶藝家的創作小天地

寧靜的小村中有一個特別的藝術工房陶藝與紅型，工房主人橫井先生在此地進行創作，工房旁邊就是他的展示藝廊，他的陶藝作品很可愛，很有童話世界的感覺。在這邊也可以體驗陶藝，可以親手製作獅子，他還會幫我們寄到台灣(需付運費)，有興趣的朋友可以去體驗看看！

> DATA
> MAPCODE 232 497 663
> 地址 沖繩縣南城市玉城當山124 電話 090-8298-4901 營業時間 11:00～17:00 公休日 週二、週三 鄰近公車站 玉城中学校前 停車場 有

DOUCATTY

私房推薦

充滿沖繩溫度的手工染手帕店

在大大的木屋中，夫婦二人手工染製獨具風格的手帕。先生主攻畫作，太太則全心設計，作品除了包含多種沖繩元素之外，也有很多動物圖案。在工房購買手帕，收據可是老闆親手繪製的，也很值得收藏，這是非常新鮮的體驗！

> DATA
> MAPCODE 232 588 873*08
> 地址 沖繩縣南城市佐敷新里740-1 電話 098-988-0669 營業時間 10:00～17:30 公休日 無 鄰近公車站 新里(下) 停車場 無

おきなわワールド（沖繩世界文化王國）

可欣賞EISA表演的主題樂園

由玉泉洞、文化王國、龜殼花公園等三大園區組成的沖繩主題樂園，推薦初訪沖繩的朋友可以來看看。玉泉洞是日本前三大的鐘乳石洞，文化王國則是重現了歷史中琉球王國的村莊原有的風貌，還可以欣賞沖繩太鼓「EISA」的表演。龜殼花公園則展示了許多毒蛇，還有毒蛇秀可以欣賞。

> DATA
> MAPCODE 232 495 330
> 地址 沖繩縣南城市玉城字前川1336番地 電話 098-949-7421 營業時間 09:00～18:00 公休日 無 門票 通票：1,650／830 玉泉洞＋文化王國：1,240／620 王國村：620／310 龜殼花公園：620／310(大人、高中生以上／4歲以上) 鄰近公車站 玉泉洞前、玉泉洞駐車場 停車場 有

屋宜家

私房推薦

可以愜意享受的溫馨餐廳

屋宜家位於沖繩南部，綠意盎然的八重瀨町。是一間老房子改建的餐廳，提供好吃的沖繩麵之外，冰品、手沖咖啡都有滿高的水準。坐在房子裡面吃飯，非常溫馨，有回家的感覺。在這樣的沖繩小店裡，慢慢度過的時光，是一種不可多得的享受。

DATA

MAPCODE **232 433 739**
地址 沖繩縣島尻郡八重瀨町大頓1172 電話 098-998-2774 營業時間 11:00～15:45 公休日 無 鄰近公車站 大屯 停車場 有

奧武島

10分鐘就能體驗環島

奧武島是一個開車就可以到的沖繩離島，只需要10分鐘就可以開車環島的超級小島。島上什麼都沒有，是很原始的小島景色，但正因為沒有任何一個為了觀光客設計的風景，對想體驗在地感覺的旅人來說，這顯然是不可多得的好地方。在南部兜風的途中，推薦大家都能延伸腳步，也到奧武島環島看看吧！

DATA

MAPCODE **232 468 121**
地址 沖繩縣南城市玉城奧武 電話 098-946-8817 鄰近公車站 奧武

長山びんがたTIDAMOON(長山紅型 TIDAMOON)

傳統染色技術的文創餐廳

這是一間展示沖繩傳統染布「紅型」雜貨的店，店內有展示當地藝術家的作品，以毛巾、購物袋、杯墊等為主，都是生活實用的物品。也附設食堂，提供今日午餐以及各式飲料。因為它完全就是在一個住宅區之中，路很小條，開車的時候請注意放慢速度。

DATA

MAPCODE **33 021 166**
地址 沖繩縣南城市佐敷字手登根37 電話 098-947-6158 營業時間 11:00～18:30(週三、週日只到15:00) 公休日 無 鄰近公車站 第二手登根 停車場 有

瀬長島ウミカジテラス (瀬長島UMIKAJI TERRACE)

無敵海景的個性商店村

距離那霸市10分鐘車程，開車即可抵達風景秀麗的瀬長島，這裡新蓋了度假飯店，其附屬設施就是「瀬長島UMIKAJI TERRACE」。匯集了來自沖繩各地的個性商店與餐廳，享受美景的同時，也能充分感受購物樂趣，吸引了很多年輕遊客與情侶前往，是最新的沖繩休閒去處。

DATA
MAPCODE 33 002 603*82
地址 沖繩縣豐見城市瀬長174番地6 電話 098-851-7446 營業時間 10:00～21:00(各店不同) 公休日 無 鄰近公車站 無(飯店有提供免費接駁車) 停車場 有

ニライカナイ橋 (仙境橋)

絕美景色的私房景點

沿著331號國道，就會經過這條很特別的陸橋，把車暫停在路邊，往前可走到展望台。「ニライカナイ」是沖繩神話中，位於東海彼方的一個豐饒仙境。眼前的陸橋跟沖繩漸層的美麗海景，確實很有仙境的感覺。

DATA
MAPCODE 232 592 562

知念岬公園

視野遼闊的看海聖地

位於海角的小公園有步道可走到海邊，視野非常好，還可遠眺沖繩本島的離島。

晴天時的海景非常美，很適合早上或傍晚，太陽光線沒那麼強的時候來這散步。公園旁的體育館外圍，有用浮球做成的麵包超人等卡通人物的裝置藝術。導航輸入電話或地址都不會帶你到正確位置，請使用MAPCODE導航。

DATA
MAPCODE 232 594 382
地址 沖繩縣南城市知念字久手堅 電話 098-946-8817 營業時間 09:00～22:00 公休日 無 鄰近公車站 齋場御嶽入口 停車場 有

斎場御嶽

琉球王國皇家祭祀之地

　世界遺產之一，是以前琉球王國皇家祭祀的地方，可以說是一個祈禱所。此處地形十分特別，會很像穿梭在洞穴之中，最深處可從樹叢縫隙，窺見神之島「久高島」，是一個很特別的景色。

DATA

MAPCODE 33 024 253
地址 沖繩県南城市知念字久手堅270-1 電話 098-949-1899 營業時間 09:00～18:00 公休日 無 門票 200／100 (大人／國中生以下) 鄰近公車站 斎場御嶽入口 停車場 有

あざまサンサンビーチ(安座真SUN SUN海灘)

南部最美的休閒海灘

　沖繩南部最熱門的海灘，可以玩水上活動、浮潛，也可以在這邊烤肉。距離那霸不算太遠，如果想在南部玩水，這會是好選擇。

DATA

MAPCODE 33 024 772
地址 沖繩県南城市知念字安座真1141-3 電話 098-948-3521 營業時間 10:00～19:00 公休日 無 鄰近公車站 知念海洋レジャーセンター前 停車場 有(1台500)

指指點點日文 あおだ

中義	日文
常用會話 我想去這邊，請問要怎麼去？	ここへ行きたいんですが、どうやっていきますか。
小孩子也需要門票嗎？	子供もチケットが必要ですか。
這裡可以拍照嗎？	ここで写真を撮ってもいいですか。
我可以請你幫我拍照嗎？	写真を撮ってもらっていいですか。
我可以跟你拍張照嗎？	一緒に写真を撮ってもいいですか。
請不要使用閃光燈	フラッシュを使わないでください。
這裡有廁所嗎？	トイレはありますか。
請問哪邊可以買土產？	おみやげの売店はどこですか。

慶良間群島

位於沖繩本島西方40公里海上的美麗島嶼群「慶良間群島」，在2014年時日本正式將其指定為國家公園，這裡的海非常乾淨而美麗，透明度一直都是整個沖繩海域中最高等級的，天氣好的時候，水中能見度可達15公尺以上。因為這片美麗的海洋，以及保留完整的珊瑚礁，每年吸引很多從世界各地來的潛水客。慶良間海域的藍實在太美太獨特，甚至有人把這樣的海色命名為「慶良間藍」(ケラマブルー)。

座間味島

阿嘉島

渡嘉敷島

慶留間島

慶良間空港

外地島

酒雄提醒 從那霸前往慶良間群島，搭船約只要35～50分鐘，所以就算當日來回也是很可行的，如果沖繩行程中想要看看美麗的海與珊瑚，比起本島的沙灘，我想我會推薦大家可以來趟離島行喔！

如何前往離島

前往慶良間群島的船是在泊港搭乘,船共有兩種,分別是渡輪(フェリー)以及高速船,船的時刻表會隨季節而不同。可參考下表:

船班目的地一覽表
單位:円

目的地	船種	費用(單程/來回)	搭乘地點
渡嘉敷	渡輪	1,660/3,160	泊港南岸
	高速船	2,490/4,740	泊港北岸
座間味	渡輪	2,120/4,030	泊港南岸
	高速船	3,140/5,970	泊港北岸
阿嘉	渡輪	2,120/4,030	泊港南岸
	高速船	3,140/5,970	泊港北岸

船班時刻這裡查

座間味航線
路線:那霸→阿嘉→座間味→阿嘉→那霸
時刻表:www.vill.zamami.okinawa.jp/ship/

渡嘉敷航線
路線:那霸→渡嘉敷→那霸
時刻表:www.vill.tokashiki.okinawa.jp/ferry/time

預約方式

前往座間味、阿嘉島可使用網路或電話預約,使用網路預約需要事先刷卡,但電話預約不需要事先付費。預約好了會得到一組預約號碼,到時候用這組號碼就可以取票了。

預約資訊這裡查

前往座間味、阿嘉島
預約網頁(英文):goo.gl/6zOhaa
預約電話(日文):098-868-4567

前往渡嘉敷島
只可使用電話預約,電話預約不需要事先付費
預約電話(日文):098-868-7541

搭船步驟

Step 1 填寫搭船申請書 (乘船申込書)

所有要搭船的人,都需要填寫搭船申請書,姓名部分可以用英文,手機寫同一支代表就可以了。

Step 2 櫃檯買票

不管是渡輪還是高速船都在這邊買票,如果有預約的話,可以在這時後提出你的預約號碼,萬一沒有預約,就要碰碰運氣了。

Step 3 前往搭船處

請記得搭渡輪的話,一出去就看到了,搭高速船還要前往泊港北岸。

搭船申請書填寫範例

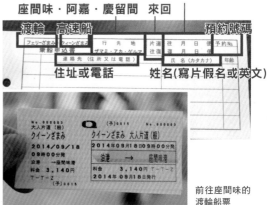

前往座間味的渡輪船票

港內介紹

渡輪在南岸，高速船在北岸搭船，請注意不要跑錯地方了。

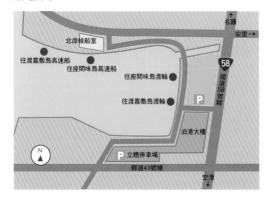

往座間味的渡輪「フェリーざまみ」

船隻的運航情況會寫在看板上

泊港北岸，高速船就是在這邊搭

慶良間群島的島間航路

除了從那霸出發的船班之外，還有連結3個島的航班。每天都有4班固定運行座間味往返阿嘉的航班。另有兩班從座間味出發，經阿嘉後前往渡嘉敷的航班，這個航班需要事先預約才會開船。

座間味往返阿嘉、渡嘉敷船班　　單位：円

目的地	船種	費用(單程)	所需時間
阿嘉港	快艇	300	15分
阿波連港(渡嘉敷島)	快艇	700(另需100環境稅金)	35分

船班資訊這裡查

座間味往返阿嘉
座間味→阿嘉→渡嘉敷→阿嘉→座間味
時刻表參考：www.vill.zamami.okinawa.jp/info/trans.html

前往渡嘉敷
一天只有兩班，需要事先電話預約，可請住宿處櫃檯人員幫忙打電話。預約電話(日文)：098-987-2614

島間航路的小船

從船上看到美麗的阿嘉大橋

特殊體驗　more recommend

浮潛、無人島登陸

慶良間群島的所有海灘有個共同特點，那就是從沙灘一入海，馬上就可以看到很多珊瑚，還有許多魚游來游去。所以如果只是想要稍微浮潛、海灘玩水，那可以不用參加水上商店的潛水行程。但如果請商店帶路，可以開船帶我們到更多珊瑚的地方，也可以帶我們到無人島，享受登陸的樂趣。

潛水

如果想嘗試深潛，但又沒有執照，水上商店有所謂的「潛水體驗」項目，會由一個教練，最多帶著兩位在水深較淺的海域潛水。如果自己有執照，就可以參加「潛水行程」，由當地教練帶領我們到美麗的海域，觀賞海底世界的奧妙。如果有參加水上商店的潛水行程，都可以請他們順便載我們到鄰近的無人島拍照，或到不一樣的區域浮潛，一整天都有新鮮體驗。

看夕陽

傍晚時分，找個西側的海邊，就能欣賞絕美的夕陽景色，當然能不能看到，就要看天公伯有沒有給面子，賞我們個好天氣囉。

看星星

保留許多原始樣貌的慶良間群島，當然光害就相對的比較少，所以如果想要觀星的話，只要找一個氣氛好可以吹海風的地方，帶上幾瓶orion啤酒，拎把三線，就能跟好友一起度過難忘時光。

騎車、開車環島

如果想好好細看這三座島的景色，環島便是一種不錯的活動。其中阿嘉島因為地形比較平緩，所以推薦可以單車環島，至於渡嘉敷跟座間味地勢就比較陡峭，所以建議開車或騎機車環島，會比較適合。

座間味島

座間味島是慶良間群島三個主要島嶼當中，民宿、餐廳、飯店、商店等各種設施最齊全的島，主要村落有座間味、阿真以及一個比較偏遠的阿佐村落，一般都是建議住在離港口最近的座間味村落。距離主要海灘約有20分鐘的走路距離，建議請民宿或水上活動業者接送。

座間味島

女瀬崎展望台 ★

高月山展望台 ★

神之濱展望台 ★

★ 座間味村落

阿真海灘

★ 古座間味海灘

一到座間味島，就可以看到民宿及水上活動業者在岸上舉牌

村子營運的公車，可從座間味村落前往古座間味海灘

島上街道的樣子

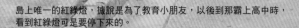

島上唯一的紅綠燈，據說是為了教育小朋友，以後到那霸上高中時，看到紅綠燈可是要停下來的。

島上景點推薦

❶ 古座間味海灘
古座間味ビーチ

　距離座間味主要村落、走路約20分鐘以上的路程，比較遙遠，不過有公車可以搭，如果有要跟水上業者租裝備跟遮陽傘，可以請水上商店的業者免費接送。海灘前的小屋有提供簡單的餐食、飲料販售，就算沒準備飯糰也沒關係。

❷ 阿真海灘
阿真ビーチ

　運氣好的話，可跟海龜共游的海灘。這裡距離主要村落也是走路約20分鐘路程，但因為地勢平坦，所以可租腳踏車騎過去。如果有跟水上業者租裝備，也可以請他們接送。

❸ 比嘉器材租借
レンタルショップ比嘉

　就在古座間味海灘入口第一個攤位，提供浮潛裝備、游泳圈、遮陽傘等器具的租借，如果跟他們租器材，還可以請他們接送到島上其他景點。

預約電話：090-8292-2710
營業時間：08:00～17:30

❹ 高月山展望台

　可欣賞附近群島及村落景色的高台。

❺ 神之濱展望台
神の浜展望台

　有個涼亭，是觀賞海景及欣賞夕陽的好地方。

❻ 女瀨崎展望台
女瀨の崎展望台

　較為偏遠，是欣賞夕陽跟觀星的絕佳場所。

島上商店

❼ 105商店
105ストアー

　島上最齊全的便利商店，從食材、熟食、飲料到日常用品，應有盡有。黃色建築物非常好認。

❽ 歐吉桑的店
ぼくの店 おじさん

　提供簡單定食的餐廳，價錢公道，口味也很不錯。

❾ 蒲公英
たんぽぽ

　販售便當為主，到海邊玩水的話，午餐選擇會比較少，也可以考慮從這邊買好帶去。

❿ 水上商店
HEART LAND

　開在民宿宮村隔壁的水上商店，提供潛水裝備租借，以及各種潛水課程。

⓫ 民宿宮村
民宿みやむら

　乾淨簡單的民宿，櫃台人員略懂英文，我們可以用英文訂房、或請櫃台協助訂船等等服務。

阿嘉島

阿嘉島南邊還有大橋連結慶留間島以及外地島，主要村落是在阿嘉島上的阿嘉村落。距離主要海灘約1.5公里，走路會花上15～20分鐘，也可以請民宿或水上活動業者接送。

阿嘉島　　　★ 北濱海灘

★ 阿嘉村落、辰登城商店
★ 阿嘉大橋
慶留間島

慶留間中小學 ★

慶良間機場 ★
★
外地展望台
外地島

島上不知名鳥居

釣魚也是一種很棒的休閒活動

阿嘉島以及阿嘉大橋

阿嘉島海域的海水透明度非常高

島上景點推薦

❶ 北濱海灘
ニシ浜

這裡是屬於海峽內的海域，比較平穩，也因此海水的透明度非常高，光是看著就讓心情非常舒服，常有人在這邊做日光浴。

❹ 慶留間小學／中學
學校外面馬上就是美麗的海，可以在這裡上學真是幸福啊！

❷ 辰登城商店
ストアー辰登城

有提供腳踏車租借的島上商店，也有賣飲料、零食以及生活用品。

❸ 阿嘉大橋

船一靠近阿嘉島，就會看到這座雄偉的大橋，橋上橋下的風景都很美。

❺ 慶良間機場
ケラマ空港

慶良間群島間唯一的機場，沒有定期航班，只有包機。如遇颱風船班停開，飛機常常是最後的移動手段。

❻ 外地展望台

在慶良間機場附近的展望台，可以看到機場的跑道，也可以看到附近的海景。

特殊體驗 **more** recommend

騎單車

慶良間群島三座主要島中，只有阿嘉島比較適合騎單車繞，一方面是因為距離比較近，另一方面這裡的地勢不會太陡峭。騎單車往南走，走橋可到慶留間島以及外地島，一路上都可以看到美麗的漸層藍海。

渡嘉敷島

島上可以住宿的地方，主要分成三個村落，渡
嘉敷、渡嘉志久以及阿波連，如果從那霸搭船
來會在渡嘉敷港下船，而如果從座間味島來的
話，則會在阿波連下船。海灘都在島的西岸，
距離很遠，所以會需要搭公車，或請民宿業者
接送。

渡 嘉 敷 島

★ 渡嘉敷港

渡嘉敷村落

★
渡嘉志久海灘

★ 阿波連村落
★ 阿波連海灘
★ 阿波連港

★ 阿波連崎展望台

從座間味搭船到渡家敷的話，
會在這邊下船

國立公園渡家敷島

要離島時依依不捨揮手

玩樂篇

島上景點推薦

❶ 阿波連海灘
阿波連ビーチ

白色沙灘畫成一個美麗的弧線，從附近看下來的景色堪稱絕美。海灘位於海灣內，浪比較平穩，珊瑚也很多，適合浮潛。

❷ 渡嘉志久海灘
トカシクビーチ

正面可以看到阿嘉島跟座間味島，是一個很寬敞的海灘。有機會在海中遇到海龜。

❸ ALOHA租車
アロハレンタ企画

租車公司，提供兩台小車出租，但不會日文無法租借。

❹ 新垣商店

位於阿波連村落中，販售各種食品、飲料、生活用品的商店。

❺ 阿波連崎展望台

從阿波連海灘走路可達的展望台，可以看到整個阿波連海灘，也是看夕陽的好地方。

❻ 阿波連展望台

位於南方的展望台，有個步道可以走到海灘，平時沒什麼人，可以享受私人海灘般的暢快。

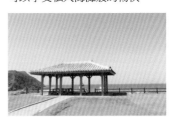

特殊體驗 more recommend

租車環島

渡嘉敷島是慶良間群島中最大的島，無法走路或單車完成環島。如果可以租車環島，就能從很多不同角度，看盡渡嘉敷島的各個面貌。

除了近海的幾座離島外，沖繩外圍還有更多離島，它們的共同特色，就是有美麗的沙灘，以及沒有太多人工開發的汙染。如果你已經越玩越深入，那可以考慮買張機票，飛往離島，探索更不一樣的島嶼風情！

沖永良部島

與論島

沖繩本島

久米島

慶良間群島

宮古島

玩樂篇

延伸腳步，往更遠的離島

　　與世隔絕的度假勝地久米島、即便來過多次沖繩也會驚豔的美麗藍海宮古島、曾經的日本最南端國界與論島、鐘乳石洞探險的沖永良部島。每個島嶼都有它不同的魅力與風情，走訪不同的島嶼，看看不一樣的沖繩吧！

搭飛機前往

在網路上預訂

　　可以使用機票比價網站來買機票，輸入想去的航點跟時間後，就會自動比價，並使用信用卡付款，非常簡單方便。通常事先訂購機票，會比較有優惠。

在機場現場購買

　　機場國內線往離島的班機，一天都有數個班次，通常不至於全部坐滿，到櫃檯問問看，還是有機會買到機票的。如果是臨時起意的旅行，不妨試試。

鹿兒島－沖繩航路

搭船前往：鹿兒島航路

　　連接日本鹿兒島跟沖繩之間的航路，就稱為「鹿兒島航路」，中間會經過奄美大島、德之島、沖永良部島，以及與論島等離島。這些島嶼，雖然在行政區分上屬於鹿兒島縣，但大部分距離沖繩還比較近，不妨從沖繩延伸腳步過去走走。

　　此航路由マルエーフェリー與マリックスライン這兩家船公司共同營運，但並非每天都有開航，如果要搭船去離島的話，就要事先看好開船日期。

鹿兒島航路資訊這裡查

www.aline-ferry.com/kagoshima/route.html

宮古島

地圖QRcode：

bit.ly/2Kokcaf

宮古島海中公園展望台

佐和田の浜

下地島空港RW17跑道終點

砂山ビーチ(砂山海灘)

牧山展望台

RICCO gelato
宮古牛の焼肉喜八

ヴィラブリゾート(VillabuResort)

伊良部大橋

宮古空港 (MMY)

竜宮城展望台

東平安名崎

在沖繩眾多離島的各海域中，透明度算是首屈一指的宮古島，其美麗的海色，素有宮古藍的美稱。每到夏季會湧入大量遊客，不僅住宿上非常吃緊，晚餐的餐廳如果沒有事先預約好，很有可能找不到地方吃飯，要特別小心。宮古島周邊的幾座小島都有陸橋連接，很適合自駕環島。

砂山海灘的餐車，有賣好吃的冰淇淋和周邊商品

宮古島的機場，有餐廳也有土產品店，意外地好逛

梅雨季過後，幾乎總是豔陽高照的好天氣

位於宮古島南部一個沙灘上的觀景台做成船的形狀非常可愛，這裡看下去的景色根美哦

玩樂篇

島上景點推薦

❶ 伊良部大橋

　日本不需過路費的陸橋中，伊良部大橋是最長的一條，長達3,540公尺。從橋上往下看宮古島的海，堪稱絕景，真的只有美可以形容。租車自駕，走在橋上看的風景，也是一種莫大的享受。過了橋之後就是伊良部島。

❷ 牧山展望台

　可以眺望整座伊良部大橋的絕佳景點。

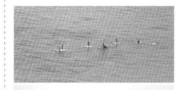

❸ 佐和田の浜

　伊良部島上的美麗沙灘，沿著海岸線是長長的淺灘，很適合帶小朋友來玩水。

❹ 下地島空港RW17跑道終點
下地島空港RW17エンド横のビーチ

　下地島跟伊良部島也是一橋相連，沿著下地島機場跑道旁邊的路走到底，可抵達這個神祕的景點。正午時這裡看到的海景，真是永生難忘地美。

❺ ヴィラブリゾート (VillabuResort)

　這裡是一間獨立而隱密的高級旅館，其餐廳在午餐時段有對外營業，提供義大利料理，餐廳內有漂亮的落地窗，可以欣賞美麗的海景。

❻ 砂山海灘
砂山ビーチ

　宮古島上最受歡迎的沙灘，適合游泳、戲水，沙灘上有個拱形海蝕大岩石，拍照起來很好看，也提供了陰影，可暫時躲避盛夏的烈日。要前往沙灘需要登上一座小砂山，故得此名。

❼ 宮古島海中公園展望台

宮古島上欣賞美麗夕陽的絕佳地點。

❽ 竜宮城展望台

過了來間大橋之後，可看到這個小小的展望台，可以欣賞整座宮古島的形狀，視野非常遼闊。底下的沙灘常有人在玩SUP(詳見P.153)。

❾ 東平安名崎

位於宮古島東南角，有座可以登上去的燈塔，塔頂可以看到魄力十足的海全景。並有一整區的休閒步道，可以散步欣賞海蝕崖地形。

❿ 阿守君
まもる君

宮古島警察為了減少島上車禍案件，而放置在島上各處的人偶，全島共有19尊，或許把它們找出來一起合照，也是有趣的宮古島體驗。

⓫ 宮古牛の焼肉喜八

宮古牛以美味的瘦肉聞名，在喜八可以吃到多種宮古牛的稀有部位，價格公道，是島上最受歡迎的燒肉餐廳。

⓬ RICCO gelato
リッコジェラート

完全使用宮古島天然食材，製作義式冰淇淋的人氣店，每種口味都很有特色。

特殊體驗　　**more** recommend

SUP

　　在透明度如此高的宮古島海域，實在太適合玩SUP(Stand up paddle)，站在板上看清澈海水裡的珊瑚，是非常難忘的體驗。

久米島

有琉球最美小島「琉美」之稱的久米島，
幾乎完全保留原始風貌，想感受靜謐而悠
閒的氛圍，久米島會是很不錯的選擇。

島上買土產的好地方，尤其味噌
餅乾非常好吃

HATE沙灘是一座夢幻無人沙洲
島，絕對不可錯過

久米島有很多可以眺望
美海的高台

地圖QRcode：

bit.ly/2wEroNP

ミーフガー(女岩) ★
　　　　　　　　　★
　　　　久米島の久米仙 ★
　　　　　宇江城城跡　　久米島海洋深層水
　　　　　　　　　　　　開発水産事業部
　　　　　　　　　　★
サイプレスリゾート久米島 ★五枝の松園地
　　　　　　　　　　　　　★　バーデハウス久米島
　　　　　　　　　　　　　　　(BADE HOUSE)
　　　　　　　　　　　　　　　★★　　　久米島ウミガメ館
　　　　　　　イーフビーチ　　　　　　(海龜館)
　　　　　　　(伊夫海灘)★
　　　　　　　　南島食楽園

はての浜(HATE沙灘)

★トクジム自然公園

久米島最大的魅力，就是近乎於原始的自然樣貌，光是散步看海景，
就覺得讓人特別放鬆，很適合想要度假的旅人

島上景點推薦

❶ 宇江城城跡

琉球王國的古城跡，也是久米島的制高點，可以看到遠處的海景，以及久米島大致的景色。階梯不是很長，大約5分鐘就可以登到最上面。

❷ 女岩

ミーフガー

經日積月累風與海潮的侵蝕而形成的奇岩，自古以來都有求子的婦女來此地參拜的習俗。

❸ 久米總合開發

伊良部島上的美麗沙灘，沿著海岸線是長長的淺灘，很適合帶小朋友來玩水。

❹ 五枝の松園地

巨大而美麗的松樹被選為沖繩兩大名松之一，每年5月還可以欣賞螢火蟲。

❺ HATE沙灘
はての浜

位於久米島東方近海的無人沙洲島，每年會因為颱風與潮流的影響，大小、形狀都略為改變。一定要搭船才能抵達，很多遊客會到島上玩水或浮潛等等，是久米島最受歡迎的海灘。

❻ 海龜館
久米島ウミガメ館

為了保護可能滅絕的海龜而打造的小型水族館，可以到這邊學習有關海龜的知識。

❼ BADE HOUSE
バーデハウス久米島

使用海洋深層水的游泳池兼水療設施，據說對於健康很有幫助，因此有很多人來久米島，就是為了來做水療度假的。

❽ 伊夫海灘
イーフビーチ

久米島東側海岸線的沙灘，綿延2公里長的白沙灘，跟はての浜不同，是很細緻的沙子，踩起來很舒服。也是玩水跟水上活動的好地方。

❾ 久米島の久米仙

知名的泡盛「久米仙」的總公司所在地，雖然不能參觀工廠，但是會用圖卡說明製酒的流程。也可以試飲泡盛、梅酒等相關酒品，還有賣周邊商品。

⑩ 久米島海洋深層水開発水産事業部

在沖繩一定要吃的海葡萄,有很多就是在久米島養殖的,這邊是養殖場,如果事先聯絡的話就可以免費參觀,也會讓你試吃哦!

⑪ TOKUJIMU自然公園
トクジム自然公園

久米島最南端附近的公園,地勢高適合眺望海景,途中還會看到一個有趣形狀的岩石,叫做「鳥嘴」,是個適合散步的地方。

⑫ CYPRESS RESORT
サイプレスリゾート久米島

位於久米島上最適合欣賞夕陽的海灘,夜晚則是欣賞星空的絕佳地點。有一個很美的無邊際泳池,是久米島上最好的飯店。

⑬ 南島食楽園

使用大量久米島食材的創作料理居酒屋,跟朋友小酌或用餐都很適合。

與論島

與論島在行政區劃分賞屬於鹿兒島縣，但距離沖繩僅22公里，可以搭船或是搭飛機抵達。在沖繩1972年回歸日本之前，與論島是日本的最南端，也是媒體稱為「南國」的旅遊勝地。隨著沖繩的回歸，人們的興趣漸漸移往更南的沖繩，這裡便恢復了過往的平靜。有種寂寥氛圍的與論島，說不定你會喜歡哦！

超迷你的與論島機場，沒有空橋，只有一台行李轉盤

離島的魅力，就在不起眼的街角，只有去過的人才懂

充滿生活感的小鎮，常是我旅行中記憶最深刻的部分

地圖QRcode：

bit.ly/2rDU9oM

★
ヨロン島ビレッジ
(與論島VILLAGE)

★ 与論島シーマンズクラブシーマンズ食堂
プリシアリゾートヨロン ★
★
Cafe Coco
大金久海岸 ★
★
百合ヶ浜
(百合之濱)

サザンクロスセンター
(南十字星中心)

★
与論城跡

一踏上飛機，開心的離島旅行就開始了！
記得選個窗邊座位，欣賞一下上帝視角的島嶼

玩樂篇

島上景點推薦

❶ PRICIA RESORT YORON
プリシアリゾートヨロン

與論島上最大的度假飯店，仿如地中海建築的美麗白藍配色，非常受到日本人的喜愛。私人沙灘可以浮潛或玩SUP等水上活動。園區內附設兩間餐廳，分別為西式跟日式，也可以在大型露台上邊看夕陽邊烤肉，晚上也可以邊聽海浪聲、邊喝調酒。

❷ 與論島VILLAGE
ヨロン島ビレッジ

靠近與論島北部的民宿，中午也作為食堂對外營業，提供很美味的「雞飯」，值得一吃。

❸ 大金久海岸

與論島東邊的沙灘，這一帶都有私人經營的水上活動商店，除了可以租借各種器材之外，也可以安排交通接送。入口處有幾攤當地的阿嬤自己經營的土產品商店，不妨走走逛逛。

❹ 百合之濱
百合ヶ浜

大金久海岸外約1.5公里處的夢幻沙灘，只有在大潮退潮時才會出現，想來這邊玩的話，可要算好日期了。(出現日期可參考與論島觀光網頁)

🌐 www.yorontou.info/spot/e000014.html

❺ 与論島シーマンズクラブシーマンズ食堂

大金久海岸附近的小食堂，由一對老夫婦所經營，可以邊欣賞美麗海景，邊吃島上的家庭料理，非常幸福的感覺。

❻ Cafe Coco

由曾在東京開店的一個女生所開的可愛咖啡館兼酒吧，店內可以喝到很多有趣的調酒，還有非常美味的鹽味冰淇淋。

❼ 南十字星中心
サザンクロスセンター

這裡展示了與論島上，從3,000年前石器時代，一直到現代的歷史、文化等相關文獻與器物，也有傳統慶典「與論十五夜舞」的相關介紹。

❽ 与論城跡

過去琉球王國也曾在與論島上築成，不過尚未完工就因改朝換代而停工，現在只能看到一部分的城牆。基地內有琴平神社跟地主神社，最高處可以眺望海景。

沖永良部島

位於與論島北方的沖永良部島，面積約有94平方公里，人口約有14,000人。距離所屬的鹿兒島縣約有550公里，但距離沖繩則只有60公里，所以也是一個混搭著日本與沖繩文化的島嶼。島上最大的特色就是洞窟探險，可以深入到鐘乳石洞裡面，是非常特別的體驗。

地圖QRcode：

bit.ly/2rDt1X8

フーチャ(潮吹洞窟) ★　　★ シーワールドカフェショップ

★ 国頭小学校
★ 笠石海濱公園

田皆岬 ★　　★ ホテルシーワールド
奄美太鼓

大山植物公園 展望台
★
昇竜洞 ★

美麗的海與藍天，
怎麼看都不會膩

看似不大的沖永良部島，環島一周可是有50km之長，唯有靠自駕才能整島玩透透

邊兜風邊玩，想下車就下車，
自由暢快

走往碼頭的路上，忽然被眼前這美麗的景色吸引，不由得看得出神，回神過來才發現自己已經按下快門。「不經意遇見的風景最美麗」，這句話是真的！

島上景點推薦

❶ 笠石海濱公園

有一個展望台可以上去看整面的海岸線，景色很美。

❷ 国頭小学校

這是島上唯一的小學，裡面有一棵日本最大的榕樹，是由明治年間的第一屆畢業生所種植，距今已超過100年，只要在樹蔭下就不會覺得特別涼爽。

❸ 潮吹洞窟

フーチャ

一個很美的海蝕洞，由此更能清楚感受到這個島的地質，整座島是石灰岩及珊瑚礁所組成，石灰岩因降雨而溶解，慢慢流向底下，也因此形成了很多鐘乳石洞。這裡的海邊很美，常常可以遇到海龜。

❹ 大山植物公園 展望台

這裡是島上的制高點，可以看到一整面的田園風景。

❺ 昇竜洞

如果有嚮導帶路並穿著安全裝備，就可以深入到鐘乳石洞內探險，洞內長年維持恆溫，非常涼爽。時而爬行、時而跳水，在洞內享受非日常的動態樂趣。

❻ 田皆岬

島上西北邊的海角，燈塔就是這裡的地標。可以看到有如蒂芬妮藍的海，發呆看海就是最舒服的享受。

❼ 奄美太鼓

島上極受歡迎的串燒店，綜合串燒24串只要3,000円，分量充足又美味。

特殊體驗　**more** recommend

拍星空

光害很少的沖永良部島，是夏夜拍攝銀河的好地方。

Okinawa
Communication

JP NETWORK
郵便局

真栄原
郵便局

P
←

真栄原郵便局
MAEHARA POST OFFICE

真栄原三丁目 5

通訊應變篇

在沖繩要上網、寄明信片，
或是發生意外狀況怎麼辦？

在沖繩如何撥打國際電話？如何上網和家人聯繫？或是想
寄明信片給親友？出門在外，總怕遇到緊急狀況，這時該
怎麼辦？本篇有完整介紹。

Is there any
Wi-Fi here?

NAHA_City_Wi-Fi
Wi-Fi Free
無料でご利用になれます
@naha
⑩ 那覇市
FREE SSID:
PASS:78787878
TSUNAGU NAHA
http://nahapo.jp

打電話

從台灣打到沖繩

國際冠碼+沖繩國碼+區域號碼+電話號碼

撥打方法	國際冠碼+	國碼+	區域號碼+	電話號碼
打到當地市話	002／009	81	去0	電話號碼
打到當地手機	002／009	81	—	手機號碼(去0)
打到台灣帶去的漫遊手機	—	—	—	直撥手機號碼

從沖繩打到台灣

國際冠碼+台灣國碼+區域號碼+電話號碼

撥打方法	國際冠碼+	國碼+	區域號碼+	電話號碼
打到台灣市話	001+010／0033+010	886	去0	電話號碼
打到台灣手機	001+010／0033+010	886	—	手機號碼(去0)

通訊應變篇

在沖繩打當地電話

用當地手機、市話、公共電話撥打

撥打方法	國際冠碼+	國碼+	區域號碼+	電話號碼
打到當地市話	—	—	—	直撥電話號碼
打到當地手機	—	—	—	直撥手機號碼
打到台灣帶去的漫遊手機	001+010／0033+010	—	—	手機號碼(去0)

用台灣帶去的漫遊手機撥打

撥打方法	國際冠碼+	國碼+	區域號碼+	電話號碼
打到當地市話	001+010／0033+010	81	去0	電話號碼
打到當地手機	001+010／0033+010	81	—	手機號碼(去0)
打到台灣帶去的漫遊手機	001+010／0033+010	886	—	手機號碼(去0)

公共電話

　　在沖繩的車站、機場、主要道路旁都能見到公共電話，可以使用電話卡或投幣，但不可使用信用卡。投幣時僅可使用10円跟100円的硬幣。如果有緊急狀況，可撥打110報警，或119呼叫消防隊或救護車。也可用公共電話撥打國際電話。

公共電話亭

公共電話費率

通話區間距離	10円可通話秒數		
	日　間 08:00〜17:00	夜　間 19:00〜23:00	深夜、凌晨 23:00〜08:00
同區	57.5		77.5
20公里以內	40.5		53
20〜30公里	27		36.5
30〜40公里	22		27
40〜60公里	16.5		20.5
60〜80公里	12	16	17.5
80〜100公里	10.5	16	17.5

手機漫遊

台灣各大電信公司，皆有提供手機用戶可以在海外漫遊通話。但有時候會在辦門號時關閉此項服務，如果從沒使用過的話，建議先打客服問一下是否有開啟此功能。手機漫遊的費率，請參考各大電信公司網頁。

租借手機

如果有需要打當地的電話，如預約餐廳、聯絡親友等，我會建議租借手機使用。現在國內業者有提供手機租借，所以可以先在台灣租好，然後帶過去沖繩使用。

租借手機步驟教學

目前提供租借手機服務的公司，比起行動上網服務來說較為少，我以比較代表性的wiho為例子來說明租借方式，請連到以下網站：goo.gl/AWhwFr (9折優惠連結)。

Step 1 連到TelecomSquare租借畫面

Step 2 第一次申借的話，需要輸入個人資料

Step 3 輸入使用人資訊

Step 4 輸入收件人資料(如果選擇宅配方式才需要)

Step 5 # 輸入所需的商品資訊

輸入需要的商品資訊，點擊「增加目的地」的話，就可以租借不同型號的機器。

 Step 6 # 費用總計

費用					
目的地1：日本（名古屋）					
目的地2：日本（名古屋）					
日本 LTE智慧型手機"黑武士"(可提打日本當地電話, 可做熱點分享)	221圓	×	4天	×	1台 = 884NT
日本WiHo!4GJP-SU 藍鑽石	299圓	×	4天	×	1台 = 1,196NT
優惠金額					-208NT
訂單總金額					1,872NT

 Step 7 # 選擇欲使用的付款方式，按「下一步」即可完成租借

條款	
□ 同意條款	
付款方法	
*付款方法：	○ 現金 視窗攜帶櫃台只接受信用卡付款 ○ 銀行匯款 ○ 信用卡
*是否需要統編：	● 否 ○ 是
優惠券代碼：	
經銷商：	sezna627
備註：	
*驗證碼：	5LYR

網路電話

很多攜帶智慧型手機的APP都有提供通話功能，像是LINE、FACEBOOK、或是SKYPE等等。如果只是要打給家人朋友報平安，不需要撥打在地的電話，那使用網路電話會是最好的方式。只要在有網路的環境下，就能使用這些通訊軟體，而且基本上都是免費的，這樣可以省下很多通訊費用。

常用的通訊app

網際網路

隨著智慧型手機的普及，旅行中隨時上網也變得非常流行，現在有很多公司專門提供日本行動上網機器的租借，那霸機場國際航廈也有提供沖繩使用的上網專用手機Sim卡的販售，要選擇哪個方式來上網，就看大家各自的需求吧。

行動上網分享器

如果出遊人數比較多，大家都有上網需求，那租一台行動上網分享器就會是最佳解決方案了。國內有很多提供行動上網分享器租借服務的公司，可從中挑選。租借方式請見P.166，同手機租借方式。

提供行動上網分享器的公司

特樂通 WiHo!
www.telecomsquare.tw

赫徠森 Horizon
www.horizon-wifi.com

智慧型手機及平板用Sim卡

如果只有一個人旅行的話，那說不定可以考慮使用手機預付卡來上網，目前在那霸機場國際線航廈一樓有設置一台Sim卡自動販賣機，就在觀光服務台的旁邊，非常好找。另外，部分那霸市內的LAWSON超商也有販售。

卡片包裝圖，上面會標示Sim卡Size以及方案

Sim卡方案

兩種方案都有分成3種Size：Sim卡、Micro-Sim卡、Nano-Sim卡，請注意不要買錯卡了。流量如果用完還可以儲值繼續使用。

販賣機的示意圖

方案	1G方案	3G方案
可連線期間	30天	60天
數據流量	1GB	3GB
費用	3,000円	5,000円

儲值及連線方式這裡查

www.so-net.ne.jp/prepaid/tc/index.html#use

免費Wi-Fi熱點

沖繩目前有許多地方提供免費WIFI熱點服務，大致上有幾種類型，在這邊一併介紹。

詳細熱點資訊這裡查

tc.visitokinawa.jp/wifi

NAHA City Wi-Fi

這是由那霸市政府所推出的免費無線網絡，在那霸市內共115個熱點，包括國際通、牧志市場、那霸機場、首里城、波上宮、縣立美術館、泊港等地方，另外單軌電車站也有設置熱點。不過我實際使用時發現，有些地方可能會抓不到熱點，可能沒有想像中便利。

哪裡有

看到上述圖樣，就表示有NAHA City Wi-Fi熱點。

如何使用

搜尋Naha_City_ WiFi後，輸入密碼「78787878」即可使用。

Free Wi-Fi Spot

這是沖繩觀光會議局提倡的服務，目前有許多飯店、商家及主要景點提供Wi-Fi熱點。密碼各處設置並不相同，需先留意貼紙上的資訊。

哪裡有

看到上述貼紙，就表示有Free Wi-Fi Spot熱點。貼紙上會提示Wi-Fi帳號以及密碼。

如何使用

依照貼紙上的指示設置後，即可使用。

飯店網路

沖繩飯店大多有提供免費網路，但常常只有大廳才有Wi-Fi無線網路，房間就不一定有了。

郵寄

如果想要寄明信片的話,可以在郵局或便利商店購買郵票,自行貼上郵票之後,直接投郵筒就可以了。沖繩郵筒是紅色的,在路邊、休息站或機場都有,也可以請飯店人員幫忙投遞。如果要寄國際包裹可到郵便局辦理,郵便局的上班時間基本上都是週一~週五的09:00~17:00。如果要寄日本國內的包裹,除了郵便局之外,也可利用便利商店的宅配服務。

教你看懂沖繩地址

沖繩県 南城市 玉城前川 1336
縣名　　　市名　　　區域名　　　編號

郵寄明信片步驟

Step 1 購買明信片

在紀念品店、景點賣店或書局都可以買到明信片,價位約是108~324円不等。郵票可在便利商店或郵便局購買,如果要寄日本國內需要52円郵資,寄回台灣則是70円。

Step 2 寫好明信片

在明信片背面空白處寫上內容及地址,地址可以直接寫中文,最後面請記得加上TAIWAN字樣。

Step 3 投郵筒

找到郵筒投在「小型郵便物」處就可以了。或也可請飯店櫃檯人員幫忙投遞。

寫好的明信片貼好郵票後,直接投郵筒就可以了

指指點點日文 あおだ

中文		日文	
好用單字	郵票	切手	
	快遞	宅配	
	明信片	ポストカード	
	國際電話	国際電話	
	預付卡	プリペイドカード	

常用會話

請給我70円的郵票
70円の切手をください。

可以幫我寄明信片嗎?
ポストカードを送ってもらえますか。

請問附近有郵筒嗎?
近くにポストがありますか。

我想把這個寄到機場。
これを空港まで送りたいです。

生病受傷

大病上醫院

如果在沖繩旅遊時病情嚴重，可以請旅館幫忙打電話到附近的診所，詢問狀況後再前往就醫。萬一情況緊急，也可直接打119叫救護車。

小病找藥局或藥妝店

沖繩路邊常常會看到藥妝店，很多大型超市也會跟藥妝店開在一起，如果只是輕微感冒或頭痛、暈車等小症狀，也可以先到上述地方買藥。如果知道自己身體常有小毛病，建議可從台灣準備簡單藥品，如頭痛藥、胃藥等，萬一不舒服的時候，就可以隨時服用。

護照遺失

Step 1 報案

到當地警察局報案，如不知道在哪也可以打110。請記得申請報案證明。

Step 2 申請紙本證明

前往台北駐日經濟文化代表處——那霸分處，申請紙本證明文件。這時如果有護照影本，或是護照的照片，可加速手續流程。

Step 3 使用證明文件通關

有台北駐日經濟文化代表處的證明文件，就能順利通關。

Step 4 申請補發

前往各地的外交部領事事務局申請補發護照。

台北駐日經濟文化代表處 那霸分處

地址：沖繩縣那霸市久茂地3丁目15-9
アルテビル那霸6F
營業時間：週一～週五 09:00～12:00～13:00～17:30
電話：098-862-7008　E-mail：teco-oka@ryukyu.ne.jp
網址：www.taiwanembassy.org/JP/NA

內急

如果臨時需要上廁所，沖繩的便利商店、加油站、速食店、高速公路休息站(SA)、公路休息站(道の駅)、政府機關、銀行等地，通常都會設有廁所，可以免費借用。咖啡店、酒吧、餐廳等地如果點杯飲料，相信他們也會樂意出借廁所給我們使用。

備註：超市不一定會有廁所可供使用。

自駕突發狀況

發生事故怎麼辦？

Step 1 若有傷者先幫助傷者，若傷勢看起來嚴重的話，則趕快叫救護車。

Step 2 聯絡警察，通報有事故。記得要申請「事故證明」。

Step 3 回報出發時的租車公司。

車子故障了怎麼辦？

Step 1 馬上確認安全，如果是行進中請打雙黃燈並靠路邊。

Step 2 檢查車子狀況。

Step 3 回報出發時的租車公司。

Step 4 等候租車公司到場處理。

指指點點日文 めおだ

中文	日文
暈車藥	酔い止め
止痛藥	痛み止め
感冒藥	風邪薬
眼藥水	目薬
胃藥	胃薬

好用單字

常用會話

可以借我廁所嗎？
トイレをお借りしてもいいですか。
我的護照遺失了。
パスポートをなくしてしまったんです。
可以幫我叫救護車嗎？
救急車を呼んでもらえますか。
請問附近有醫院嗎？
近くに病院がありますか。

救 命 小 紙 條

個人緊急連絡卡
Personal Emergency Contact Information

姓名Name：

年齡Age：

血型Blood Type：

護照號碼Passport No：

信用卡號碼：

海外掛失電話：

旅行支票號碼：

海外掛失電話：

航空公司海外電話：

緊急連絡人Emergency Contact (1)：

聯絡電話Tel：

緊急連絡人Emergency Contact (2)：

聯絡電話Tel：

台灣地址Home Add：(英文地址，填寫退稅單時需要)

投宿旅館：

旅館電話：

其他備註：

沖繩旅遊緊急聯絡電話一覽表

旅遊平安～！

沖繩旅遊緊急聯絡電話
警察局報案電話：**110**
消防局、救護車：**119**
台北駐日經濟文化代表處
那霸分處
098-862-7008

急難救助專線
漫遊手機撥：
(81-98)-90-1942-1107
境內電話直撥：
090-1942-1107

旅外國人急難救助
全球免付費專線
001-010-800-0885-0885

填線上回函，送 "好禮"

感謝你購買太雅旅遊書籍！填寫線上讀者回函，
好康多多，並可收到太雅電子報、新書及講座資訊。

每單數月抽10位，送珍藏版「祝福徽章」

方法：掃QR Code，填寫線上讀者回函，
就有機會獲得珍藏版祝福徽章一份。

填修訂情報，就送精選「好書一本」

方法：填寫線上讀者回函，並提供使用本書後的修
訂情報，經查證無誤，就送太雅精選好書一本(書
單詳見回函網站)。

＊同時享有「好康1」的抽獎機會

開始在沖繩自助旅行
(新第四版)

https://reurl.cc/03MvA

＊「好康1」及「好康2」的獲獎名單，我們會
　於每單數月的10日公布於太雅部落格與太
　雅愛看書粉絲團。

＊活動內容請依回函網站為準。太雅出版社保
　留活動修改、變更、終止之權利。

太雅部落格 http://taiya.morningstar.com.tw

有行動力的旅行，從太雅出版社開始